Sarah Ann Juckes

Jasper und das Lied der Nachtigall

978-3-7432-1535-1
1. Auflage 2025
erschienen unter dem Originaltitel *The Hunt for the Nightingale*
Text © 2022 Sarah Ann Juckes
Interior Illustrations © 2022 Sharon King-Chai
Published by arrangement with Simon & Schuster UK Lts
1st Floor, 222 Gray's Inn Road, London, WC1X 8HB
All rights reserved. No part of this book may be reproduced or transmitted in any form or by any means, electronic or mechanical, including photocopying, recording or by any information storage and retrieval system without permission in writing from the Publisher.
Für die deutschsprachige Ausgabe © 2025 Loewe Verlag GmbH, Bühlstraße 4, D-95463 Bindlach
Aus dem Englischen übersetzt von Alexandra Ernst
Umschlagillustration: Tobias Goldschalt
Innenillustrationen: Sharon King-Chai
Umschlaggestaltung: Johanna Mühlbauer
Druck und Bindung: GGP Media GmbH, Karl-Marx-Straße 24, D-07381 Pößneck

www.loewe-verlag.de

Sarah Ann Juckes

JASPER UND DAS LIED DER NACHTIGALL

Aus dem Englischen übersetzt von
Alexandra Ernst

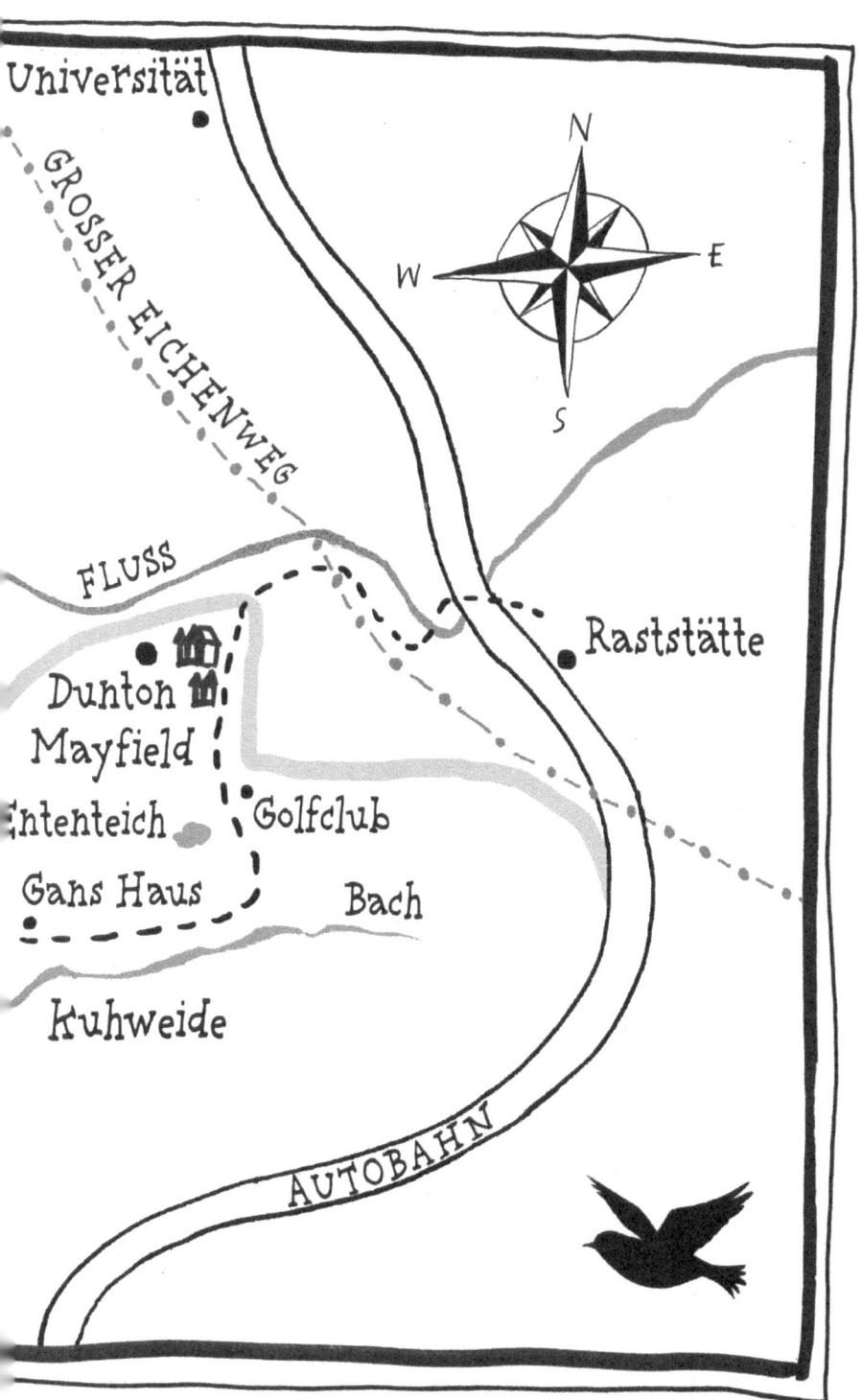

Für Amelia, Edward und alle,
die sich die Zeit nehmen
zuzuhören.

Liebe Mama, lieber Papa,

ihr habt gesagt, dass Rosie an einen besseren Ort gegangen ist. Ich glaube, ich weiß jetzt, wo das ist. Sie ist bestimmt bei der Nachtigall. Ich gehe beide suchen, und wenn ich sie gefunden habe, bringe ich sie zurück.
Ich schaue ganz bestimmt nach links und rechts, wenn ich über die Straße gehe. Und ich will versuchen, keine Angst zu haben.

     Euer Jasper

Vogelinfo Nr. 1
Es ist sehr schwer, eine Nachtigall zu Gesicht zu bekommen.

Aus Rosies und Jaspers *Buch der Vögel*

Wenn man sich verirrt hat, sollte man als Erstes versuchen, die Orientierung wiederzufinden, sagt meine große Schwester Rosie.

Anfangs dachte ich, das hätte etwas mit dem Orient zu tun, aber das stimmt nicht. Es heißt, dass man herausfinden muss, wo man ist. Und man darf nicht in Panik geraten.

Herauszufinden, wo ich bin, ist nicht schwer: Ich hocke auf dem Baum in dem Feld hinter unserem Haus. Er ist hoch, hat aber viele Äste, sodass wir wie auf einer Leiter bis weit nach oben klettern können. In der Mitte ist ein flacher Ast, wie eine Bank, die in der Luft hängt.

Im Frühling sitzen Rosie und ich immer zusammen hier. Wir machen die Augen zu, halten uns aneinander fest und lauschen der Nachtigall, die in der tintigen Dämmerung singt. Ihr Tschilpen kleckst über den dunklen Himmel wie über eine Seite in einem Malbuch.

Aber jetzt ist die Sonne schon untergegangen. Und Rosie sitzt nicht neben mir. Am Himmel keine Nachtigall, die singt.

Alles, was ich höre, ist Stille.

Vogelinfo Nr. 2

Die Nachtigall wird auch die „Königin der Nacht" genannt.

„Mama? Wo ist Rosie?"

Mein Ruf dringt durch die Tür des Arbeitszimmers und Mama kommt aus der Dunkelheit. Sie kneift die Augen leicht zusammen und reibt sich über das Gesicht. „Jasper? Warum bist du noch auf? Geh ins Bett, Liebling – dein Papa und ich sind momentan sehr beschäftigt."

Ich mache einen Schritt rückwärts, weil ich meine Eltern eigentlich nicht stören darf, wenn sie arbeiten. Und es ist schon längst Schlafenszeit. Aber sie haben sich die ganze Woche in ihr Arbeitszimmer verkrochen und ständig telefoniert. Ich kann einfach nicht länger warten.

„Das ist ein Notfall", erkläre ich. „Und ihr habt gesagt, dass ich in einem Notfall stören darf."

Mama sieht echt müde aus, aber sie kniet sich auf den Boden und nimmt meine Hand. „Geht es wieder um den Vogel? Jasper, wir haben doch darüber geredet. Dein Vater und ich können da nichts machen. Er ist ein Wildtier und verglichen mit allem, was passiert ist, nun ..."

„Ich weiß, dass ihr nichts machen könnt", sage ich. „Rosie aber schon. Sie sollte doch letzte Woche von der Uni heimkommen und mir helfen, die Nachtigall zu finden. Jetzt sind beide weg."

Mama wird plötzlich so bleich wie ein Pelikan. Sie lässt meine Hand fallen, atmet dann einmal tief durch und nimmt sie wieder. Sie hält sie fester als vorher.

„Ich weiß, dass das alles sehr schwer ist, Jasper." Sie schluckt. „Es ist auch schwer für mich und deinen Vater. Rosie ist ..."

Sie verstummt und ich ziehe meine Hand weg. Ich schaue auf meine Stiefel und den daran klebenden Matsch. Ich soll sie eigentlich nicht im Haus anziehen, aber ich glaube nicht, dass Mama es bemerkt hat. Normalerweise achtet sie immer darauf, dass alles ordentlich und sauber ist. Aber die ganze Woche schon ist ihr

Haar durcheinander und sie riecht, als hätte sie ein paar Tage lang nicht geduscht.

Papa kommt aus dem Büro und ich sehe, dass ein Zeh aus einem Loch in seiner Socke lugt. „Jasper?", fragt er. „Was machst du denn noch so spät hier?"

Mama steht auf und flüstert ihm etwas zu. Ich kann hören, was sie sagt: „Es ist wieder der Vogel. Er will, dass Rosie ihm hilft, das Tier zu finden."

Papa seufzt tief und lang. Ich hebe den Blick, um herauszufinden, ob er nun aussieht wie ein schlaffer Luftballon. Er kneift hinter seiner Brille die Augen zu und öffnet sie wieder. Er schaut mich an. „Deine Mama und ich brauchen ein bisschen Zeit, um wichtige Dinge zu erledigen, Kumpel. Vielleicht in ein paar Wochen – nach der Beerdigung. Dann können wir dir helfen, deine Nachtgall zu finden …"

„Nachtigall!", falle ich ihm ins Wort.

Papas Kiefer verkrampft sich. Dann klingelt das Telefon im Arbeitszimmer und er eilt hin, um das Gespräch anzunehmen.

Also schaue ich stattdessen zu Mama. „Die Suche ist aber auch wichtig."

Sie lächelt mich an, doch es ist kein echtes Lächeln. „Versuche, nicht in Panik zu geraten, Liebling. Auch wenn es dir schwerfällt. Lies doch in deinem Buch. Lenk dich ein bisschen ab, ja? Dein Papa meint, dabei bekommt er immer einen freien Kopf."

„Aber Mama ..."

„Julia!", ruft Papa aus dem Arbeitszimmer.

„Ich komme!", antwortet Mama. Dann fährt sie mir schnell mit den Fingern durch die Haare. „Ich komme gleich nach oben, um Gute Nacht zu sagen."

Papa ruft noch einmal. Mama seufzt und zieht die Tür hinter sich zu.

Vogelinfo Nr. 3

Das Lied der Nachtigall setzt sich aus etwa 200 verschiedenen Strophentypen zusammen.

Ich verliere nicht gern Dinge. Dann tut mir immer der Bauch weh und mir wird schwindelig und schlecht.

Irgendwie bekomme ich viel schneller Angst als alle anderen in der Schule. Papa meint immer, dass ich mir unnötig Sorgen mache. Er sagt so was wie: „Die anderen in deiner Klasse lachen doch gar nicht über dich, Jasper" oder: „Seine Hausaufgaben zu verlegen, bedeutet nicht das Ende der Welt, weißt du?"

Ich bin mir da nicht so sicher. Weil Rosie nicht hier ist, fühlt es sich irgendwie doch wie das Ende von allem an. Und vermutlich habe ich deshalb die ganze Woche schon solche Angst. Aber Mama hat recht: Normalerweise verfliegt die Panik, wenn ich an etwas Gutes, Wahres denke – wie die Einträge in unserem Buch der Vögel.

Am Buch der Vögel schreiben Rosie und ich schon seit einer Ewigkeit und da steht alles drin, was wir über Vögel wissen. Es ist die Karte meines Gehirns, voller Federn und Fakten darüber, wie man die verschiedensten Vögel aufspüren kann. Und wenn ich es lese, dann überdecken die Gedanken über Vögel die Angst und ich fühle mich nicht mehr so elend.

Es gibt viele Seiten über die Nachtigall. Man sagt, sie sei ein Zugvogel. Das bedeutet, dass sie im Sommer wegfliegt und jedes Jahr im April auf das Feld hinter unserem Haus zurückkehrt. Und Rosie ist zur Universität geflogen, weil sie neun Jahre älter ist als ich. Aber sie hat versprochen, jedes zweite Wochenende im April und Mai nach Hause zu kommen, damit wir zusammen in unserem Baum sitzen und der Nachtigall zuhören können. Weil das wichtig ist.

Vor zwei Wochen, als die Nachtigall immer noch nicht da war, obwohl sie eigentlich schon längst hätte zurückkehren sollen, saß Rosie mit mir in der Dunkelheit und Stille.

„Das gefällt mir nicht", sagte ich. „Normalerweise müsste sie doch längst da sein, oder? Wir haben schon Mai und trotzdem noch nichts gehört."

Sie hatte meine Hand in ihre gelegt. „Also, ich habe gehört, dass an der Raststätte an der Autobahn M23 eine Nachtigall gesehen wurde. Das ist bestimmt unsere, Jasper. Ich wette, sie hat sich bloß verflogen. Ein Vogel ist nur so lange verschwunden, bis man ihn wiederfindet. Und ich finde ihn – versprochen."

Ich konnte zwar nicht ihr Gesicht sehen, aber Rosie sagt immer die Wahrheit. Ich glaubte ihr.

„Ich helfe dir", versprach ich.

Sie drückte fest meine Hand. „Wir machen das zusammen. Ich komme nächstes Wochenende wieder."

Das hat sie gesagt. Sie hat es sogar in unser Buch der Vögel geschrieben.

Rosie und Jasper
suchen die Nachtigall
NÄCHSTES WOCHENENDE

Sie hätte am Freitag heimkommen sollen. Das ist jetzt schon eine ganze Woche her. Nach der Schule habe ich unsere Einfahrt beobachtet und darauf gewartet, dass Rosies rostiges lila Auto stotternd um die Kurve biegt, mit den fedrigen Sitzbezügen und der Sonnenschein-Musik, die Rosie immer in voller Lautstärke laufen lässt. Aber ich konnte nur kurz Wache stehen, weil Mama und Papa plötzlich wegmussten und mich ziemlich lange mit Oma allein ließen, die gegenüber wohnt. Bei Oma durfte ich dann das ganze Wochenende lang Cartoons gucken. Aber sie hat mir nicht gesagt, wo Mama, Papa oder Rosie waren, obwohl ich gefragt habe. Und sie ist ganz oft in ihr Zimmer gegangen. Warum, weiß ich nicht.

Mama und Papa waren so lange weg, dass ich schon vermutete, sie hätten sich auch verirrt. Und vielleicht stimmt das ja, denn als sie endlich zurückkamen, sahen sie so aus, als wüssten sie gar nicht, wo sie gelandet waren. Und Rosie war nicht bei ihnen.

Der Ausdruck auf ihren Gesichtern gefiel mir nicht. Sie sahen verängstigt aus und das machte mir Angst. Sie wollten mich in den Arm nehmen und mit mir reden, aber ich konnte ihnen nicht zuhören, weil mein Bauch so wehtat. Wenn ich mich so fürchte, habe ich das Gefühl, ich würde auf einem tobenden schwarzen Meer treiben.

Und es gibt nur eins, was dieses Gefühl zurückdrängen kann: Vögel.

Während Papa weinte, rief ich mir ins Gedächtnis, dass Nachtigallen jedes Jahr viertausendachthundert Kilometer fliegen, um nach Afrika zu gelangen.

Und während Mama mir ganz fest die Hände rieb, dachte ich daran, dass man die Nachtigall überall in Europa und Asien antrifft.

Ich hatte ein schlechtes Gewissen, weil ich meinen Eltern nicht richtig zuhörte, aber ich konnte nichts dagegen tun. Ich soll mich doch mit schönen Gedanken ablenken, wenn ich Panik bekomme. Und am Ende war das Einzige, was mir von dem Gespräch im Kopf blieb, ein Satz, den Papa sagte.

„Rosie ist an einen besseren Ort gegangen."

Das hätte eigentlich schön klingen sollen, aber ich war verwirrt. Welcher Ort konnte besser sein als unser Baum, von dem aus wir der Nachtigall zuhörten? Ich bin ihr besserer Ort.

Wo also ist sie?

Ich hole mein Smartphone und wähle erneut ihre Nummer, lausche der knisternden Stille am anderen Ende, bis sich der Anrufbeantworter einschaltet. Und das mache ich wieder und wieder, bis Mama kommt und mir Gute

Nacht sagt. Aber vielleicht bin ich immer noch sauer auf sie, weil sie so getan hat, als ob unsere Nachtigall nicht wichtig wäre, denn ich tue so, als ob ich schlafe.

Sie setzt sich auf die Bettkante und betrachtet mich lange. Ich gebe die ganze Zeit vor zu schlafen und irgendwann schlafe ich wirklich ein. Als ich am nächsten Morgen aufwache, ist sie weg.

Ich springe aus dem Bett und renne in meinem Schlafanzug nach draußen zum Baum. Und als ich Rosie nicht oben auf dem Ast sitzen sehe, renne ich zurück ins Haus und suche zum millionsten Mal alle Zimmer im Haus ab. Aber ich entdecke nur Fisch, unsere Katze, die auf der Badematte liegt und ein Nickerchen hält.

Ich gehe nach unten und hüpfe auf das Sofa im Wohnzimmer, damit ich die Vorhänge aufziehen und nachschauen kann, ob Rosies lila Auto in der Einfahrt steht. Doch ich sehe nur unseren überwucherten Vorgarten und die leere Stelle neben dem Wagen meiner Eltern.

Papa kommt herein. Er hat seinen Pullover falsch herum angezogen, sodass die Innenseite nach außen zeigt. Er bemerkt, dass ich am Fenster stehe, und schaut mich traurig an. „Vielleicht solltest du wieder in die Schule gehen ..."

Die gesamte letzte Woche war ich nicht in der Schule. Mama meinte, ich müsste nicht hin, wenn ich nicht wollte. Und ich will nie in die Schule, also blieb ich zu Hause. Aber irgendwann wurde mir doch langweilig, vor allem, weil ich ständig zu Oma geschickt wurde. Und bei ihr gab es nichts, was mich von dem Bauchwehgefühl ablenken konnte, dass irgendetwas ganz und gar nicht stimmte.

„Es ist Samstag", sage ich und rutsche von der Lehne auf die Sitzfläche des Sofas.

Papa blickt überrascht auf seine Armbanduhr. Dann kommt er zu mir aufs Sofa und drückt mir sehr fest die Schultern.

„Du weißt doch, dass Mama und ich dich sehr lieb haben."

Ich nicke, weil ich das natürlich weiß. Aber wie er das so sagt, fängt mein Herz aus irgendeinem Grund an zu flattern. Deshalb löse ich mich aus seinem Griff und laufe weg, bevor er merkt, dass ich wieder Panik kriege.

„Wo willst du denn hin?", ruft er mir nach, als ich die Tür erreiche.

Ich bleibe stehen, schaue ihn aber nicht an. „Ich muss rausfinden, wo dieser ‚bessere Ort' ist", murmele ich.

Papa stößt einen komischen Ton aus. „Wahrscheinlich da, wo sich dein blöder Vogel rumtreibt", sagt er bitter.

Ich will schon widersprechen, dass Vögel ganz toll sind und gar nicht blöd, da macht es plötzlich Klick.

„Papa, du bist ein Genie!" Ich lasse ihn einfach im Wohnzimmer sitzen und renne die Treppe hoch in mein Zimmer, wo unser Buch der Vögel auf dem Bett liegt. Ich blättere es durch, bis ich die richtige Seite erreiche.

Rosie und Jasper suchen die Nachtigall
NÄCHSTES WOCHENENDE

Papa hat recht. Wenn Rosie nicht hier bei mir ist, dann muss der bessere Ort dort sein, wo auch die Nachtigall ist. Und wenn die Nachtigall auf der Raststätte an der Autobahn ist, wie Rosie sagte, dann weiß ich jetzt, wo ich nach ihr suchen muss.

Am letzten Wochenende meinte sie, dass etwas nur so lange verschwunden ist, bis man es findet. Wenn ich sie beide wiederfinden kann, wird vielleicht alles wieder wie früher.

Vogelinfo Nr. 4

Das Nest der Nachtigall hat die Form einer Tasse und befindet sich in Bodennähe.

Bevor Rosie ihr Auto bekam und anfing, zur Universität zu gehen, mussten wir immer ewig warten, bis Papa uns zu Orten fuhr, wo es wichtige Dinge gab, zum Beispiel Vögel. Papa denkt nur selten an Dinge, die nichts mit seiner Arbeit zu tun haben, weshalb Rosie und ich meistens auf eigene Faust loszogen.

Ich kann nicht mit dem Auto zur Raststätte fahren, weil ich erst neun bin. Und ich kann meine Eltern nicht fragen, ob sie mich hinbringen, weil sie die Tür zum Arbeitszimmer zugemacht haben und ich nicht einfach reingehen darf. Aber es gibt auch ohne Auto Möglichkeiten, von A nach B zu kommen.

Zuerst einmal brauche ich eine Karte. Rosie hat ein paar Landvermessungskarten in ihrem Zimmer und ich hole mir die passende aus ihrem Bücherregal. Auf einer Seite des großen Faltplans sehe ich die Autobahn und auf einer ganz anderen unser Haus. Alles, was ich tun muss, ist, den farbigen Linien von einer Seite zur nächsten zu folgen.

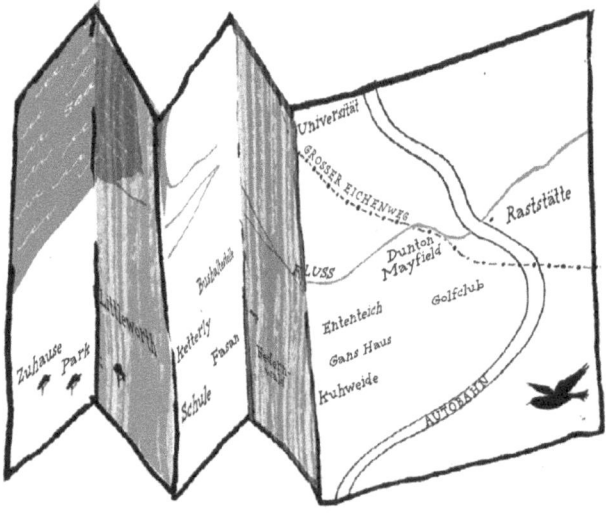

Karten können auf den ersten Blick ganz schön verwirrend sein. All diese Linien, die sich ineinander verheddern, und überall Symbole, wie ein Code von Geheimagenten. Aber über allem liegt ein Raster aus

Quadraten. Rosie hat mir beigebracht, dass man sich am besten ein Quadrat nach dem anderen vornimmt und den „Schlüssel" benutzt, um nachzusehen, welche Farbe was bedeutet.

Über die Karte in meiner Hand schlängelt sich eine blaue Linie. Der Schlüssel sagt, das ist die Autobahn, die Rosies Universität mit unserem Haus verbindet. Aber da darf man nur drauf, wenn man ein Auto hat. Es gibt schmalere, gelb und weiß markierte Straßen, die ich wahrscheinlich nutzen kann, weil sie meistens Gehwege haben. Eine verbindet mein Haus mit Littleworth, dem nächsten Ort. Eine andere Linie führt von dort aus zu einer Stadt, die Dunton Mayfield heißt. Und dann gibt es ganz dünne Linien, die aussehen wie zottige schwarzrote Haare. Das sind Fußwege, auf denen Rosie und ich manchmal unsere Spaziergänge machen.

Ich schaue im Internet nach und finde einen Bus, mit dem ich fast die gesamte Strecke bis nach Dunton Mayfield fahren kann, in weniger als einer Stunde. Von der Stadt aus muss man nur noch einen Feldweg und einen Radweg entlang bis zu der Raststätte laufen. Ich kann Rosie fast schon sehen, in dem kleinen Fleck, wo auf der Karte „Bäume" abgebildet sind. Sie winkt mir zu und sagt: „Ich bin hier, Jasper! Komm und hol mich ab!"

Weil ich jetzt einen Plan habe und bald bei Rosie sein werde, wird das Angstbauchweh, das ich die ganze Woche lang hatte, ein bisschen weniger.

Ich gehe nach unten und hole den Geldtopf, in dem meine Eltern das Einkaufsgeld aufbewahren. Da nehme ich mir zehn Pfund heraus. Ich habe ein schlechtes Gewissen, weil Mama und Papa erst letztes Jahr gesagt haben, dass das Geld knapp sei und wir vielleicht das Haus verkaufen müssen. Deswegen arbeiten sie auch die ganze Zeit und stellen Müsliriegel für Abenteurer her – damit wir es uns leisten können hierzubleiben. Aber vielleicht ist es in Ordnung, wenn ich mit dem Geld etwas zu essen und Chips für Rosie und mich kaufe.

Als Nächstes hole ich meine Schulbücher und mein Mäppchen aus dem Rucksack und stecke alles in die Tasche rein, was ich vielleicht brauchen könnte. Und weil ich nichts vergessen will, schreibe ich eine Liste:

Jaspers Gepäck zum Überleben in der Wildnis

Das Buch der Vögel
Eine Karte
Ein Kompass

Mein Fernglas
Proviant (eine Menge Müsliriegel,
eine Banane, einen Schokoriegel)
Wasser
Ein Mikrofaser-Handtuch
(weil Papa sagt, dass man immer
ein Handtuch braucht)
Geld
Mein Handy
Saubere Socken
Eine Kurbel-Taschenlampe
Eine Trillerpfeife für Notfälle
Meine Wanderschuhe,
weil die dreckig werden dürfen
Einen Mantel, obwohl es ziemlich sonnig ist
Sonnencreme
Einen Sonnenhut

Wenn ich im Freien übernachten würde, würde ich noch einen Campingkocher und einen Schlafsack und solche Sachen mitnehmen. Aber der Bus fährt in einer halben Stunde ab und wahrscheinlich bleibe ich nur bis kurz nach dem Mittagessen weg, also brauche ich den Kram wohl nicht.

Ich esse ein bisschen Toast, gebe Fisch etwas Futter und Wasser und mache das Katzenklo sauber. Fisch schläft in Rosies Zimmer auf dem Kopfkissen und ich kraule sie zum Abschied ausgiebig unter dem Kinn. Dann stehe ich eine ganze Weile vor Mamas und Papas Arbeitszimmer und überlege, ob ich anklopfen soll. Aber ich höre sie tippen und seufzen und die Kaffeetassen vom Tisch hochheben und wieder absetzen. Diese Geräusche bedeuten, dass ich nicht stören soll.

Also schreibe ich stattdessen eine Nachricht auf einen Zettel, den ich in der Küche auf die Arbeitsplatte lege.

Liebe Mama, lieber Papa,

ihr habt gesagt, dass Rosie an einen besseren Ort gegangen ist. Ich glaube, ich weiß jetzt, wo das ist. Sie ist bestimmt bei der Nachtigall. Ich gehe beide suchen, und wenn ich sie gefunden habe, bringe ich sie zurück.

Ich schaue ganz bestimmt nach links und rechts, wenn ich über die Straße gehe. Und ich will versuchen, keine Angst zu haben.

Euer Jasper

Vogelinfo Nr. 5

Der Körper einer Uferschwalbe ist kaum größer als eine Streichholzschachtel.

Mein Haus steht ganz am Ende von Littleworth, dort, wo die Häuserreihen aufhören und die Felder und Schafweiden und Wälder anfangen.

Ich gehe am Laden vorbei, in dem Papa fast jeden Morgen seine Zeitung holt. Da darf ich mir manchmal Süßigkeiten oder eine Zeitschrift über die Natur kaufen, je nachdem, was ich lieber haben möchte. Meistens die Zeitschrift. Und ich laufe an dem Spielplatz vorbei, wo ich einmal einen Sperber gesehen habe. Der Busbahnhof ist auf einer Verkehrsinsel, umgeben von einer

Straße, wie ein Kreisel. Auf dem Fahrplan im Internet stand, dass heute nur ein Bus nach Dunton Mayfield fährt. Ich hatte gehofft, es wäre ein Doppeldeckerbus, damit ich oben ganz vorn sitzen und die Welt unter mir hinwegziehen sehen könnte, als ob ich fliegen würde. Aber es ist nur ein einfacher Bus und er sieht ein bisschen schmutzig aus.

Ich bleibe nervös im Hintergrund und warte, bis alle anderen eingestiegen sind. Ich sehe Lulu, ein Mädchen, das ich aus der Schule kenne. Sie ist allein unterwegs, genau wie ich. Lulu ist ein paar Jahre älter als ich und geht schon in die Mittelstufe. Aber ich erinnere mich an ihre dicken Brillengläser und ihre langen Zöpfe, die sie trug, als sie noch in der sechsten Klasse war. Ich weiß auch, dass sie der Star bei unseren Schulkonzerten war, weil sie tanzen kann wie ein Paradiesvogel.

Ich trete von einem Fuß auf den anderen und versuche, „selbstbewusst zu wirken", wie Papa mich immer ermahnt. Ich straffe die Schultern und hebe das Kinn und hoffe, dass Lulu nicht merkt, wie schwitzig meine Hände sind. Hinter den Brillengläsern sehen ihre Augen riesengroß aus, und als sie in meine Richtung schaut, denke ich, dass sie auch mich vergrößern. In der Schule habe ich manchmal das Gefühl, dass mich die anderen anstarren und über mich lachen, weshalb ich es mir angewöhnt habe, mich so klein wie möglich zu machen. Meine Lehrerin Miss Li sagt, das würde nicht stimmen, aber Lulu macht mich mit ihrem Blick trotzdem nervös.

Ich habe Angst, dass sie zu mir kommt und mit mir reden möchte, aber sie steigt nur vorsichtig in den Bus und ich atme erleichtert auf. Als Nächstes bin ich dran und der Busfahrer mustert mich, als ob er sich fragen würde, warum ich zum Einsteigen so lange brauche.

Ich gebe ihm den Zehn-Pfund-Schein, der an der Stelle, wo ich ihn festgehalten habe, schweißnass ist. Der Busfahrer hat einen strengen Blick und weiße Augenbrauen, dazu noch eine lange Nase, wie ein Schnabel. Er sieht ein bisschen aus wie ein Weißkopfseeadler. Aber anstatt mich bei dem Gedanken besser zu fühlen, habe ich plötzlich Angst, dass er mir in die Finger beißt.

Die Panik in meiner Brust schießt nach oben in meine Kehle und ich schreie: „Dunton Mayfield, hin und zurück, bitte!"
Der Fahrer betrachtet mich von oben bis unten. Ich packe das Buch der Vögel ganz fest und wiederhole im Kopf, was ich über Weißkopfseeadler weiß.

WEISSKOPFSEEADLER
Weißkopfseeadler sind groß und schnell. Sie haben lange Beine und Krallen, was sie befähigt, ihre Beute mitten in der Luft zu schlagen, wenn es nötig ist. Das ist eine ziemlich nützliche Fähigkeit, denn sie fressen oft andere Vögel.

Eigentlich beruhigt mich Vogelwissen ja, aber diesmal sorgt es dafür, dass mir der Busfahrer noch bedrohlicher vorkommt. Ich werfe ihm das Geld hin und er gibt mir langsam den Fahrschein und sechs Pfund Wechselgeld. Dann startet er den Motor und ich husche schnell zu dem Sitzplatz, der mir am nächsten ist, weit weg von Lulu, die ganz nach hinten gegangen ist.

Der Bus fährt an, obwohl die Türen noch offen stehen. Ich könnte jetzt hinausspringen und nach Hause laufen und mich ins Bett legen. Dort gibt es keine lauten Motoren, keine missmutigen Busfahrer oder Leute, die mich aus der Schule kennen.

Aber Rosie ist verschwunden. Und wenn etwas verschwunden ist, was man liebt, muss man alles tun, um es wiederzufinden.

Ich umklammere den Rand meines Sitzes mit beiden Händen und mir wird ein bisschen schwummerig, als der Bus vom Bordstein weg auf die holprige Straße fährt. Wir kommen an meiner Schule vorbei. Es fühlt sich komisch an, die geschlossenen Tore zu sehen, nachdem ich eine Woche lang nicht dort war. Der Toast, den ich gegessen habe, kreiselt in meinem Bauch, als ob er mir jeden Moment wieder aus dem Mund springen wollte.

Normalerweise bin ich derjenige, der sich vor Dingen wie Busfahrten fürchtet. Doch beim letzten Mal, als Rosie und ich zusammen im Bus saßen, war sie nervöser als ich. Wir wollten uns ihre Universität ansehen, bei der sie sich gerade beworben hatte. Sie war sich nicht sicher, ob das Fach, das sie belegen wollte, das richtige für sie war und ob sie sich an einem völlig fremden Ort wohlfühlen würde.

Mama und Papa waren zu sehr damit beschäftigt, Geld zu verdienen, damit wir unser Haus nicht verkaufen mussten. Sie konnten nicht mitkommen. Damit sie sich besser fühlte, setzte ich mich mit Rosie ins Oberdeck und wir beobachteten Vögel. Wir sahen einen Schwarm Schwalben, die man gut an ihren gegabelten Schwanzfedern erkennt. Sie flogen in Loopings über die Felder, auf der Suche nach Insekten, und bei ihrem Anblick verging unsere Angst.

Als wir bei der Universität ankamen, begegneten wir einem Studenten mit einem Zylinder, auf dem stand: „Ich bin kein Schornsteinfeger, aber du darfst mich trotzdem küssen." Das fanden wir beide lustig. Er hieß David und führte uns über den „Campus". So nennt man den Ort, wo die ganzen Klassenräume und Gebäude sind. Es gab auch Bäume und einen großen Teich mit Enten und sogar einen Reiher. Dann gingen wir in ein Haus, in dem der Unterricht, der an der Uni „Vorlesung" heißt, stattfindet. Es war viel größer und vornehmer als in meiner Schule. Alle sitzen in langen Reihen hinter Tischen, die auf Stufen stehen, die sich von der Mitte bis zur Wand nach oben ziehen wie in einem Theater.

Wir saßen in einer der Reihen, während uns ein Lehrer etwas über die Kurse von Rosies Fach erzählte. Ein paar klangen langweilig, aber in einigen ging es um Vögel. Und Rosie hob die Hand und stellte ganz viele Fragen. Aber niemand verdrehte deswegen die Augen und sagte, sie solle still sein, wie Papa es manchmal macht. Es schien ihnen auch nichts auszumachen, dass sie mich mitgebracht hatte, obwohl keine anderen Kinder anwesend waren. Alle hörten ihr zu und nickten und ich wurde plötzlich traurig, weil ich merkte, dass es Rosie hier sehr gefallen würde. Und das bedeutete, sie würde weggehen.

Nach dem Vortrag ging ich raus und setzte mich auf den Rasen. Rosie setzte sich neben mich.

„Was ist los, Jasper?"

„Du lässt mich allein, stimmt's?"

Sie nahm meine Hand und hielt sie fest. „Du bist doch nicht allein, Dummerchen. Mama und Papa ..."

Aber sie verstummte und sagte nichts mehr, weil wir beide wussten, dass sie immer zu tun hatten und nicht wirklich „da waren".

Stattdessen zog Rosie einen Filzstift aus ihrer Tasche

und malte damit etwas auf meine Hand. Ich wollte herausfinden, was es war, doch sie ließ mich nicht gucken, ehe es fertig war. Das Bild war ein bisschen krakelig, denn Rosie weiß zwar über die Natur Bescheid und darüber, wie man eine gute große Schwester ist, aber malen kann sie nicht. Aber ich erkannte an den Schwanzfedern, dass es eine Schwalbe war, und sie sah so aus:

„Schwalben fliegen jedes Jahr viele Tausend Kilometer weit weg, aber sie kommen immer zurück. Und selbst wenn ich nicht da bin, bist du doch nie allein, Jasper."

Ich fuhr mit meinem Finger an der Außenkante der Zeichnung entlang. „Wie oft kommst du heim?"

„Sooft du mich brauchst."

An ihrem Gesicht las ich ab, dass sie die Wahrheit sagte. Das tat sie immer. Ich umarmte sie, weil Rosie glücklich war. Und obwohl ich wusste, dass ich sie vermissen würde, war ich auch glücklich. Für sie.

Der Bus macht einen Satz und eine ältere Dame, die stehen und sich an einem Griff festhalten muss, verzieht ängstlich das Gesicht. Schnell stehe ich auf, damit sie sich setzen kann. Ich ducke mich unter den Armen von

Leuten hindurch und gehe zu einer Stelle, von der aus ich besser durch die Windschutzscheibe sehen kann. Wir holpern über eine Landstraße, an der rechts und links Bäume stehen. Manche haben rechteckig ausgeschnittene Baumkronen, damit die Doppeldeckerbusse vorbeifahren können. Es sieht aus wie ein Puzzle, bei dem ein Stück fehlt.

Ich schaue auf meine Hand. Die Schwalbe, die Rosie draufgemalt hat, ist schon seit einem Jahr weggewaschen. An die Zeichnung zu denken, hat mich immer beruhigt, aber jetzt erinnert mich die leere Stelle daran, dass auch Rosie weg ist. Obwohl sie versprochen hat wiederzukommen.

Ich dachte, dass Tatsachen immer wahr sind, wie zum Beispiel, dass Zugvögel im Frühling heimkehren und dass Rosie auch nach Hause kommen würde, wenn sie es versprochen hatte. Aber vielleicht können sich Tatsachen ändern.

Mein Bauch verkrampft sich ganz schrecklich und ich schaue schnell auf meine Uhr. Vierzig Minuten lang muss ich noch hier stehen und dann muss ich noch ein Stück laufen, bevor ich zu Rosie komme und die Tatsachen wieder in Ordnung bringen kann. Ich überlege gerade, ob ich den Busfahrer bitten soll, schneller zu fahren, als etwas vor der Windschutzscheibe meine Aufmerksamkeit erregt. Ein Aufblitzen von blauen und roten Federn. Und plötzlich steht da ein Fasan auf der Straße und der Bus wird nicht langsamer. Und ich schreie und jemand drückt auf den Halteknopf, aber der Fasan sieht den Bus nicht und ich glaube, der Bus sieht den Fasan nicht und ...

RUMS.

Vogelinfo Nr. 6

Fasanenküken können schon zwölf Tage nach dem Schlüpfen fliegen.

„Sie haben ihn erwischt!", schreie ich und schiebe mich an den Fahrgästen vorbei nach ganz vorn, wo der Busfahrer mit gerunzelten weißen Augenbrauen sitzt.

„Zurück hinter die Linie!", schnauzt er und ich mache einen Schritt rückwärts, denn so sind die Regeln.

„Sie haben den Fasan erwischt!", rufe ich von hinter der Linie. „Sie müssen nachsehen, ob er verletzt ist."

Der Fahrer schaut mich an. „Beruhige dich", sagt er. „Das war nur ein Vogel."

Nur ein Vogel! Der Fahrer hat gerade etwas Lebendiges und Echtes und Wunderschönes angefahren und er will nicht mal umdrehen, um nachzusehen, was passiert ist!

Ich drücke auf den Halteknopf und lasse nicht mehr los. Es klingelt und klingelt und die Fahrgäste fangen an zu stöhnen. Jemand von ganz hinten im Bus weist mich zurecht, aber das ist mir egal. Ich muss wissen, ob dem Fasan etwas passiert ist.

Der Bus wird langsamer und dann öffnen sich die Türen an einer Haltestelle mitten im Nirgendwo. Ich springe hinaus und der Fahrer ruft mir etwas zu, aber ich habe keine Zeit, um auf ihn zu achten. Ich gehe ein Stück die Straße zurück, wobei ich aufpasse, dass ich auf dem Bürgersteig bleibe. Ich halte nach Federn Ausschau oder nach Blutspuren und Angst zieht kalt durch meine Knochen.

Der gepflasterte Gehweg ist zu Ende. Stattdessen zieht sich nun ein Grasstreifen auf beiden Seiten der Straße entlang. Ich bleibe stehen und schaue mich um. Ich kann jedoch nichts entdecken.

„Irgendeine Spur von ihm?"

Ich wirbele herum und sehe, dass Lulu mir gefolgt ist. Mir wird heiß, ich schaue auf meine Stiefel und schüttele den Kopf.

Wir stehen beide mit den Händen in die Hüften gestemmt da und spähen ins Gebüsch neben dem Seitenstreifen.

„Vielleicht ist er weggeflogen", sagt sie.

Ich kaue auf meiner Unterlippe. „Vielleicht." Ich will ihr erzählen, dass Fasane nicht sehr weit fliegen können, weil sie viel Kraft brauchen, um abzuheben. Aber es macht mich nervös, wie sie mich jetzt anschaut.

„Gucken wir mal drüben im Gebüsch nach."

Wir schauen nach links und rechts, bevor wir die Straße überqueren. Auf der anderen Seite blickt Lulu über den oberen Rand der Büsche, weil sie größer ist als ich. Aber wir können den Fasan nirgends sehen.

„Tut mir leid, Jasper", sagt sie. „Wenn er nicht da ist, bedeutet das wahrscheinlich, dass es ihm gut geht."

Mein Kopf schnellt hoch. „Du weißt, wie ich heiße?"

„Natürlich", antwortet sie. „Du gehst in dieselbe Grundschule, in der ich auch war, richtig? Du hast diese ganzen Poster über Vögel in den Fluren aufgehängt. Mir hat immer gefallen, wie ordentlich und groß du schreiben kannst."

Ich blinzele sie an. Miss Li und ich haben diese Poster angefertigt, wenn ich in der Mittagspause Angst bekam. Manchmal passiert mir das in der Schule, weil ich nervös werde, wenn andere Kinder mit mir reden. Und das, obwohl sie mich immer beim Fußball mitspielen lassen, wenn ich will. Es war ein schönes Gefühl, meine Bilder an den Wänden hängen zu haben, großformatig, sodass alle sie sehen konnten. Aber ich hätte nie geglaubt, dass jemand sie wirklich lesen würde. Besonders nicht jemand, der so beliebt ist wie Lulu.

Sie lächelt mich an. „Ich dachte mir schon, dass du es bist, als ich gesehen habe, wie jemand aus dem Bus rennt. Ich wollte nachschauen, ob alles in Ordnung ist, und sicherstellen, dass du nicht verloren gehst wie dein Fasan und Buster."

Ich biss mir erneut auf die Unterlippe. „Wer ist Buster?"

Sie öffnet ihre Schultertasche und zeigt mir einen Stapel Zettel, der so dick ist wie der von Papa auf seinem Schreibtisch. „Buster ist mein Hund. Er läuft ständig fort."

Sie gibt mir eines der Papiere.

HUND VERMISST

Name: Buster
Buster ist ein Windhund, der sehr gern Kaninchen jagt. Zuletzt wurde er am Freitag, den 14. Mai, in Ketterly gesehen. Er ist nicht nach Hause gekommen. Bitte halten Sie Ausschau nach ihm und sagen Sie Lulu Bescheid, wenn Sie ihm begegnen.
Telefon: 01345 765 654

„Er ist gestern weggelaufen", erklärt sie. „Ich will diese Zettel da aufhängen, wo ich ihn verloren habe, in der Nähe der Felder dort drüben. Willst du mir helfen?"

„Tut mir leid", antworte ich. „Aber ich muss wieder in den Bus."

„Schon in Ordnung", sagt sie. Wir drehen uns zu der Haltestelle ein Stück weit die Straße hinunter um.

„Oh!", macht Lulu. In mir sinkt etwas nach unten, so schwer wie ein Stein in einem Teich.

Die Straße ist leer.

Der Bus ist ohne mich weitergefahren.

Vogelinfo Nr. 7

Einige Eulenarten können ihren Kopf um mehr als 270 Grad drehen.

Rosie sagt immer, die Leute verlieren nur deshalb die Orientierung, weil sie nicht aufpassen oder weil sie in Panik geraten.

Ich weiß nicht, wo ich bin, weil ich nur an den Fasan gedacht und nicht aufgepasst habe. Und das heißt wohl, dass ich die Orientierung verloren habe. Und wenn das stimmt, dann werde ich wohl noch länger brauchen, um Rosie zu finden.

Aber das heißt nicht, dass ich in Panik geraten muss.

Lulu wirkt besorgt. Normalerweise werde ich verlegen, wenn mich jemand so anstarrt, aber durch die Brillengläser sehen ihre Augen ein bisschen aus wie die einer Eule. Das hilft mir, mich zu beruhigen, genauso wie wenn ich in dem Buch der Vögel etwas über Eulen lese.

Ich hole meine Karte heraus und lege sie auf das Gras am Straßenrand.

„Weißt du, an welcher Stelle auf dieser Karte wir sind?", frage ich Lulu.

Sie betrachtet den Faltplan und schüttelt dann den Kopf. „Tut mir leid, das kann ich nicht erkennen. Ich bin sehbehindert. Mit der Brille kann ich größere Formen erkennen, aber nicht so etwas Kleines wie die Zeichen auf einer Karte."

„Oh", sage ich. „Hm, eine größere Karte habe ich nicht, aber vielleicht kann ich dir die Beschriftungen vorlesen. Kennst du irgendwelche Orte hier in der Gegend?"

„Wir sind in Ketterly, wie es auf den Zetteln steht, die mein Dad geschrieben hat. Meine Oma wohnt diese Straße entlang." Sie deutet an der Bushaltestelle vorbei zu einem kleinen Weg, der links abbiegt. „Da unten gibt es eine Kirche und den Gemeindesaal, wo ich zum Tanzunterricht hingehe. Hilft dir das weiter?"

Und wie. Ich finde mein Haus und die Bushaltestelle, an der ich eingestiegen bin. Dann folge ich der orangen Straße bis zum Ende der Seite, wo ich am Rand das

Wort „Ketterly" entziffere. Daneben befindet sich ein kleines Kreuz für die Kirche.

Ich atme auf. „Ich habe nicht die Orientierung verloren. Ich weiß genau, wo ich bin."

Ich bin ziemlich stolz auf mich, weil ich all das herausgefunden habe, als mir klar wird, dass ich es nur bis an den Rand der Seite geschafft habe. Der Bus sollte mich bis nach Dunton Mayfield bringen, was viele Quadrate weit weg ist, und ich glaube nicht, dass heute noch andere Busse fahren.

„Wenn du willst, kannst du mir helfen, Buster zu suchen. Später können wir dann zu meiner Oma gehen. Sie backt die besten Kuchen der Welt", sagt Lulu. „Ich komme jedes Wochenende zum Tanzunterricht her, also kenne ich mich hier aus. Kommst du mit?"

„Nein!", blaffe ich sie an, unabsichtlich natürlich. „Ich muss meine Schwester finden und ich bin spät dran."

Ich falte die Karte zusammen und stecke sie in meine Tasche. Als ich aufstehe, starrt mich Lulu immer noch an.

Plötzlich wird mir klar, warum sie mich um Hilfe bittet. Wie soll man etwas finden, wenn man nicht gut sehen kann?

Ich schaue auf meine Armbanduhr. „Na ja, ich kann dir wohl bis ein Uhr helfen. Aber dann muss ich wirklich los, weil ich keine Ahnung habe, wie lange ich bis zu meinem Ziel brauche."

Sie lächelt breit. „Toll. Es ist immer schöner, gemeinsam nach etwas zu suchen, stimmt's? Komm, ich zeige dir, wo ich Buster verloren habe."

Wir gehen bis zu einem Gatter am Rand eines Felds. Ich schaue auf der Karte nach und sehe, dass es mit einer rot gepunkteten Linie markiert ist, was bedeutet, dass man hindurchlaufen darf.

Der Boden ist schlammig und quatscht unter meinen Wanderstiefeln. Ich bin froh, dass ich mich gut vorbereitet und nicht etwa meine Turnschuhe angezogen habe. Mama würde einen Anfall kriegen.

Das Feld ist groß und quadratisch und in der Mitte wächst das Gras hoch. Außen führt ein Pfad daran entlang. „Welche Richtung?", frage ich.

Lulu deutet nach rechts. „Dort bin ich gestern mit meiner Oma spazieren gegangen, als ich Buster von der Leine gelassen habe. Dann hat er ein Kaninchen gesehen und ist einfach ins Gras gerannt. Er ist echt schnell." Sie legt die Hände an ihren Bauch, als ob sie sich daran erinnern würde, wie sie ihm nachgeeilt ist und dabei Seitenstechen bekommen hat. Das passiert mir beim Fußballtraining ständig.

„Okay", sage ich. „Dann gucken wir da zuerst nach. Vielleicht ist er zurückgekommen und hat dich gesucht."

Wir gehen um das Feld herum auf einen riesigen Baum zu, der aussieht wie der Ahorn auf dem Feld hinter meinem Haus. Lulu läuft langsamer als ich und achtet sorgsam darauf, wo sie ihre Füße platziert. Ihre Schritte sind geräuschlos, sodass es klingt, als ob ich allein unterwegs wäre.

„Du wärst eine tolle Vogelbeobachterin", sage ich schüchtern. „Du kannst so leise auftreten."

Sie lächelt. „Das liegt vielleicht am Tanzen. Der Unterricht hilft mir, mich sicherer zu bewegen. Das ist ziemlich nützlich, wenn man manchmal den Boden nicht richtig erkennen kann."

Es ist gar nicht so einfach, den Weg entlangzulaufen, denn der Boden ist von Traktorspuren zerfurcht und aufgerissen wie trockene Elefantenhaut. „Ist Buster dein Blindenhund?"

Sie lacht. „Nein. Blindenhunde sind viel besser ausgebildet. Mein Papa hat Buster gefunden, als er aus dem Tierheim ausgerissen ist, und ich habe mich in ihn verliebt. Er wäre ein mieser Blindenhund, aber er ist ein toller Freund. Und wenn wir zusammen sind, fühle ich mich sicher, selbst wenn es dunkel ist und ich nicht so gut sehen kann, verstehst du?"

Ich nicke. Und ob ich das verstehe. „So geht es mir mit Vögeln und meiner Schwester Rosie." Mein Herz flattert wieder, weil ich mich mit Lulu unterhalte. Aber es ist nicht das normale Panikflattern, es fühlt sich anders an. Eigentlich schön, finde ich.

Wir nähern uns dem Baum und werden langsamer. „Dann weißt du ja Bescheid", sagt sie.

Ich lächele und schaue mich um, tue so, als ob ich eine Schleiereule wäre und Super-Sehkräfte hätte, mit denen ich sogar eine winzige Maus aus großer Entfernung ausmachen kann.

Ich kann zwar keine Maus entdecken und auch keinen Hund, aber ich erzähle Lulu von dem Tag, als Rosie und ich eine echte Schleiereule gesehen haben.

Schleiereulen sind nachtaktiv, was bedeutet, dass sie in der Nacht wach sind und im Dunkeln auf Nahrungssuche gehen. Sie haben große Augen, mit denen sie im

Zwielicht gut sehen können, aber sie haben auch ein fantastisches Gehör. Ihre Ohren stehen schief auf dem Kopf, eins ist höher als das andere. So können sie herausfinden, wo genau sich ihre Beute befindet. Es ist, als ob sie allein durch Töne und Geräusche eine Karte in ihrem Kopf zeichnen könnten.

Um eine Schleiereule zu finden, mussten Rosie und ich wie eine Schleiereule denken. Weil sie nur nachts herauskommen, wollten wir uns in der Dämmerung aus dem Haus schleichen. Aber Papa stand in der Küche und sah Rosie, bevor sie die Eingangstür erreichte.

„Rosie?", sagte er und wischte sich die Hände an der Schürze ab. „Hier, probier mal. Wir wollen einen Riegel mit einer neuen Geschmacksrichtung herausbringen und ich brauche die Meinung meiner Küchenexpertin. Was denkst du – zu viel Karamell?"

Sie und Papa haben ständig irgendwelche Müsliriegel entworfen, als ich noch klein war. Doch das war schon lange her. Jetzt schien es so, als ob Papa und sie auf unterschiedlichen Planeten leben würden.

Sie schob mich vor sich zur Tür hinaus, damit Papa nicht bemerkte, dass sie mich aus dem Haus schmuggelte. „Klingt toll. Aber ich muss los, ich will eine Schleiereule finden. Vielleicht später."

Ich konnte Papas Gesicht durch den Türspalt sehen. Er wirkte traurig. Ich wollte Rosie sagen, dass die Eule noch bis morgen warten konnte, dass wir vielleicht alle das neue Rezept probieren könnten, es roch nämlich herrlich. Dann wurde Papa sauer.

„Klar doch, geh nur zu deiner Eule. Das ist ja auch viel wichtiger."

Rosie seufzte. „Papa, Eulen sind wichtig. Sie sind wichtig für mich und ..."

Aber Papa hatte sich schon umgedreht, winkte mit der Hand ab und stellte die Ohren auf Durchzug. Rosie steckte ruckartig die Füße in ihre Schuhe und bugsierte mich in die Dunkelheit, wobei sie vor sich hin murmelte, dass Papa ihr überhaupt nicht mehr zuhören würde.

„Aber du hast ihm ja auch nicht zugehört, als er dir von seinem Rezept erzählen wollte", sagte ich.

Rosie schaute mich böse an und ich glaube, sie wollte noch etwas sagen, aber da hörten wir es: das Kreischen einer Schleiereule, wie ein Geist in den Schatten.

Wir gingen über das Feld in die Richtung, aus der das Geräusch kam. Es war so dunkel, dass ich weder den Boden unter mir noch irgendetwas um mich herum ausmachen konnte. Nur das schwache Schimmern des Mondes hinter den Wolken und ein paar Sterne, die aufblitzten. Aber ich hörte das trockene Laub und kleine Zweige unter unseren Sohlen rascheln und knacken, als ob wir auf Kaugummipapier laufen würden. Ich hörte auch Rosie atmen, immer noch schnell und wütend. Irgendwo bellte ein Fuchs und hinter uns brauste leise der Verkehr auf den weit entfernten Straßen. Doch hier auf dem Feld gab es nur Atem, Stöcke und Eulen.

Dann blieb Rosie so plötzlich stehen, dass ich zusammenzuckte. Sie streckte ihre Hand aus und zog mich vor sich. Ihr Flüstern kitzelte mich am Ohr.

„Da. Auf dem Zaunpfosten. Hör hin!"

Ich lauschte. Erst war es still – bis die Schleiereule noch einmal zischte. Und da sah ich sie. Sie hockte ein Stück weit entfernt auf einem Zaunpfosten und beobachtete uns.

Ihre weißen Federn leuchteten im Dunkel und auf ihrem herzförmigen Gesicht lag ein Ausdruck der Überraschung.

„Pst", sagte Rosie in mein Ohr, obwohl ich keinen Laut von mir gab.

Wir beobachteten, wie sie uns beobachtete, und meine Kehle war ganz verstopft mit Stille. Es war eine echte Schleiereule und wir hatten sie gefunden, indem wir hingehört hatten.

„Hey!", sage ich zu Lulu. „Ich habe eine Idee."

Ich nehme den Rucksack von meiner Schulter und suche nach der Pfeife, die ich eingepackt habe.

„Was machst du da?", fragt sie.

„Du musst nicht gut sehen können, um etwas zu finden", erkläre ich. „Du kannst auch Töne benutzen. Wie zum Beispiel eine Hundepfeife."

Ich setze die Pfeife an die Lippen und blase fest hinein. Heraus kommt ein langer, hoher Ton, als ob jemand einen Ballon neben deinem Ohr zerplatzen lässt und du danach noch eine ganze Zeit lang ein Klingeln hörst. Das Klingeln schallt über das gesamte Feld und die Vögel in dem Baum rechts von uns verstummen mitten im Lied.

„Oh!" Lulu blinzelt.

Ich kann nirgends einen Hund entdecken, also blase ich noch mal in die Pfeife. Ich will sie schon wieder wegstecken, als Lulu auf einmal meinen Arm packt.

„Ich glaube, ich kann ihn hören! Pfeif noch mal!"

Das tue ich und das hohe Gras vor uns raschelt wie zusammengeknülltes Papier, als etwas Großes hindurchrennt. Es springt heraus und dreht sich hektisch im Kreis, ein hagerer brauner Hund, der genauso aussieht wie ...

„Buster!", schreit Lulu.

Buster rast auf sie zu und springt an ihr hoch, sodass sie umfällt und ihr Rücken ganz schlammig wird. Aber das ist ihr egal, weil sie ihren Hund wiedergefunden hat, und sie halten einander fest und ...

... ich laufe davon.

Vogelinfo Nr. 8

Man vermutet, dass Tauben zu den intelligentesten Vögeln auf der Welt gehören.

Mein Atem geht so schnell, dass ich Sternchen sehe.

Ich stütze die Hände auf den Knien ab. Als ich Lulu meinen Namen rufen höre, ducke ich mich ins hohe Gras. Es ist schön, dass Buster unversehrt ist und dass Lulu ihn wiederhat. Doch das hat mich daran erinnert, dass ich immer noch meilenweit von der Raststätte entfernt bin, wo Rosie ist. Und ich vermisse sie und fühle mich wie ein Baum mit einem Loch in seiner Krone. Ich bin nicht gut im Verstecken. Lulu hat mich bald gefunden und Buster springt mir auf den Schoß, um mir das Gesicht abzulecken.

„Du bist weggerannt, bevor ich mich bei dir bedanken konnte!", ruft sie, setzt sich in den staubigen Dreck neben mich und zieht Buster von mir weg. „Er war die ganze Zeit hier auf dem Feld. Das war echt clever. Ich besorge mir auch so eine Pfeife. Es ist schon komisch, dass man Dinge verlieren kann, sie manchmal aber trotzdem nicht weit weg sind."

Sie schaut mich mit ihren vergrößerten Augen an und ich reibe mir über das Gesicht. „Meine Schwester ist bei der Nachtigall und das ist ziemlich weit weg."

Lulu streckt die Hand aus und tätschelt mir den Schuh. „Du kommst schon hin, da bin ich mir sehr sicher. Du bist vermutlich einer der klügsten Menschen, die ich kenne."

Ich schaue zu ihr hoch. „Bin ich das?"

Sie lächelt. „Klar doch! Du weißt alles über Vögel und wie man Hunde ruft und solche Sachen. Wenn jemand etwas finden kann, dann du."

Ich fühle eine warme Welle durch meinen Körper fluten, bis hinunter in meine Zehen. Und plötzlich freue ich mich riesig, dass ich Lulu an der Bushaltestelle begegnet bin, obwohl ich dachte, es würde eine Katastrophe werden.

Sie steht auf und klopft sich den Dreck von den Kleidern. „Willst du nicht doch mit zu meiner Oma kommen und Kuchen essen? Ich könnte dich danach begleiten, wenn du magst."

Ich schüttele den Kopf. „Danke, aber ich sollte wirklich los ..."

Sie zuckt mit den Schultern und drückt Buster an sich. „Na gut. Bleib weiterhin so clever, Jasper. Und das nächste Mal kannst du dich ruhig trauen und Hallo sagen, okay?"

Ich winke ihr und Buster nach und bin ein bisschen traurig, weil sie weggehen. Ich überlege gerade, ob ich ihnen hinterherrennen und fragen soll, ob ich nicht doch ein Stück Kuchen bekommen kann, als ich ein Flattern höre. Ich schaue nach oben und sehe eine Ringeltaube neben mir landen.

ÜBER TAUBEN

Wissenschaftler der Universität Oxford haben untersucht, wie Tauben den Weg nach Hause finden. Sie haben herausgefunden, dass die Vögel Orientierungspunkte in der Landschaft benutzen und sogar Straßen folgen, als ob sie in Autos unterwegs wären.

Ich reiße den Blick von Buster und Lulu los, die in der Ferne immer kleiner werden, und falte wieder meine Karte auf. Um Rosie zu finden, könnte ich der Straße folgen, die der Bus entlangfährt, so wie es eine Taube machen würde. Sie führt bis nach Dunton Mayfield und da muss ich ja hin. Aber einige Straßen haben keinen Bürgersteig. Ich hole mein Handy aus der Tasche, um nachzusehen. Ich habe vergessen, es zu laden, nachdem ich gestern Abend ständig Rosie angerufen habe. Der Akku ist ziemlich leer. Ich muss mich beeilen.

Ich tippe auf „Maps" und dann auf „Satelliten-Ansicht", wo man die ganze Welt von oben als Bild sehen kann, nicht nur irgendwelche Linien. „Maps" weiß genau, dass ich mitten in einem Feld stehe, und zeigt mich als blauen Punkt auf dem Satelliten-Bild an.

Auf dem Display folge ich der Straße und erfahre, dass nicht weit von hier der Bürgersteig endet, so wie ich es mir gedacht habe.

Ich verziehe das Gesicht, weil ich Mama und Papa versprochen habe, immer nach links und rechts zu schauen, wenn ich eine Straße überquere. Aber das ist echt schwer, wenn man auf einer Straße läuft. Und ich habe ja keine Flügel wie eine Taube und kann nicht in der Luft darüber hinwegfliegen.

Ich stecke mein Handy wieder ein und suche auf der Faltkarte nach einem rot gestrichelten Fußgängerweg. Die Striche gehen kreuz und quer über Straßen und um Bauernhöfe und Häuser herum, aber sie enden genau da, wo ich hinwill.

Auf dem Schlüssel in der Ecke der Karte steht, dass zwei Zentimeter auf der Karte ein Kilometer in echt sind. Rosie hat mir beigebracht, dass jedes Quadrat, das über der Karte liegt, zwei mal zwei Zentimeter groß ist, also ein Kilometer mal ein Kilometer.

Es sind fünfzehn Quadrate bis zu der Stelle, wo auf der Karte „Dunton Mayfield" steht. Ein Teil des Weges ist ziemlich gewunden, also ist er vermutlich noch länger. Ich weiß nicht genau, wie weit hinaus Rosie und ich uns durch die Felder hinter unserem Haus bisher gewagt haben. Aber ich glaube, mein jetziges Ziel ist weiter weg, als ich je in meinem Leben gegangen bin.

Ich muss nur vorbereitet sein.

Es ist wichtig, die richtige Nahrung zu sich zu nehmen, viel Wasser zu trinken und geeignete Kleidung zu tragen, wenn man zu einer langen Wanderung aufbricht. Ich weiß, dass ich die richtige Nahrung bei mir habe, weil ich viele von den Müsliriegeln mitgenommen habe, die Mama und Papa extra für Menschen machen, die auf Abenteuersuche gehen. Auf der Verpackung der Riegel mit Rosinen ist sogar jemand auf einem Fahrrad abgebildet und auf denen mit Kokosnuss erklimmt jemand einen Berggipfel.

Es ist jetzt ein Uhr, also esse ich einen Müsliriegel und die Banane, trinke etwas Wasser und werfe der Taube auch ein paar Krümel hin.

Im Moment ist das Wetter gut. Es ist nicht kalt, obwohl sich die Sonne hinter grauen Wolken versteckt. Ich muss also nicht meine Jacke anziehen. Ich schmiere mir Sonnencreme ins Gesicht, weil Papa einmal an einem Tag wie heute einen Sonnenbrand auf der Nase bekommen hat und aussah wie ein Clown.

Nachdem ich mich gestärkt habe und bereit fühle, hänge ich mir den Kompass und das Fernglas um den Hals und falte die Karte so, dass ich sie in einer Hand halten kann. Ich starre auf den Weg vor mir, der nach rechts führt. Dorthin, wo Rosie sein muss. Kurz durchzuckt mich Panik, wie ein Stromschlag in meinen Knochen, und ich würde am liebsten zurück zu Lulu rennen, obwohl ich sie gar nicht mehr sehen kann.

Aber dann denke ich daran, was Lulu gesagt hat: dass ich clever genug bin, um alles zu finden. Und vielleicht stimmt das ja. Vielleicht kann ich alles erreichen, wenn ich anfange, mutig zu sein und netten Mädchen Hallo zu sagen.

Sogar eine verloren gegangene Schwester wiederfinden.

Ich atme tief durch und laufe los.

Vogelinfo Nr. 9

Vögel können beim Singen mehrmals in der Sekunde Luft holen.

Im ersten Quadrat führt eine schwarz gepunktete Linie durch einen grünen Flecken mit Baumsymbolen, neben dem „Federnwald" steht. In dem Schlüssel am Rand der Karte lese ich, dass eine schwarz gepunktete Linie „Weg" bedeutet. Als ich zu der Stelle komme, entdecke ich einen hölzernen Wegweiser, der mich zu ein paar Bäumen schickt, genau wie auf der Karte vermerkt.
Der Weg ist viel schöner als der rund um das Feld. Er ist zwar auch schlammig, aber breiter, und am Rand gibt es Abfalleimer für Hundehaufen. Anfangs stehen die Bäume weit auseinander, aber allmählich rücken sie

enger zusammen und verschränken ihre Kronen ineinander, wie bei einem Strategiekreis beim Football.

Hier im Wald ist es dunkler, aber das finde ich nicht schlimm, denn überall um mich herum sind Vögel und Vögel und Vögel. Ich kann zwar keine sehen, aber ich kann sie hören, und alle zusammen klingen sie wie ein ganzes Orchester. Ich gehe immer weiter, während meine Ohren versuchen, die Gesänge voneinander zu unterscheiden. Ich kann einen Zaunkönig ausmachen. Die sind zwar klein, aber sehr laut und klingen fast wie ein Maschinengewehr. Und als sein Gesang aussetzt, höre ich einen Buchfink mit kleinen Notengrüppchen antworten, die so klingen, als würden dicke Regentropfen zu Boden knallen. Und ich glaube, da ist auch ein Distelfink, aber die sind ein bisschen zwitscherig und ziemlich schwer zu verstehen.

Ich setze das Fernglas an die Augen und zoome in die Bäume. Ich sehe die Flügel einer Amsel und kurz darauf einen gelben Blitz: eine Kohlmeise. Es ist immer aufregend, einen Vogel zu hören und dann zu versuchen, einen Blick auf ihn zu erhaschen. Ich fühle mich wie ein Sammler, obwohl ich nichts davon mit nach Hause nehmen kann. Aber ich male immer Bilder und schreibe Geschichten über die Vogelarten in unser Buch der Vögel.

Das Buch der Vögel war Rosies Idee. Darin beschreiben wir die Vögel, die wir sichten, und notieren, welche wir noch nicht gesehen haben, hier und in anderen Ländern auf der Welt. Wenn ich es durchlese, kann ich mich immer daran erinnern, wie aufregend es war, diesen oder jenen Vogel entdeckt zu haben. Oder ich kann an diejenigen denken, von denen wir uns wünschen, sie einmal in der Wildnis auszumachen.

Diese Geschichte wird bestimmt einen Platz neben den anderen finden, wenn ich zurückkomme.

Der Weg durch den Federnwald mündet in eine schmale Straße hinter ein paar Häusern. Die Gärten sind ordentlich und gepflegt, anders als der bei uns zu Hause. Mama hat viel draußen gewerkelt, als ich noch klein war und sie noch in der Bank angestellt. Sie ist oft mit Rosie und mir ins Gartencenter gefahren, wo wir uns Gartenzwerge aussuchen und in den Holzhütten spielen durften. Aber für so was hat sie heute keine Zeit mehr.

In einigen der Gärten hängen Futterstellen für Vögel, wodurch man sie besser beobachten und ihnen vor allem im Winter die Futtersuche erleichtern kann. Ich sehe, wie eine alte Dame neben einer solchen Futterstelle Wäsche aufhängt, während ein Spatz herbeigeflattert kommt und sich ein paar Samenkörner stibitzt. Die

Dame schaut zu mir und ich denke an Lulu und schenke ihr ein breites Lächeln, das sie erwidert. Erst später fällt mir auf, dass sie dabei eine Unterhose in der Hand hielt, was eigentlich peinlich hätte sein sollen.

Ich schaue nach links und nach rechts und warte, bis ein Auto vorbeigefahren ist. Im Anschluss überquere ich die Straße, die vor mir liegt. Dann blicke ich mich um, bis ich einen wackeligen Holzpfosten mit einem gelben Pfeil darauf entdecke. Mein Kompass sagt, dass der Pfeil nach Nordwesten deutet, genau dahin, wo mein Ziel liegt.

Rosie hat einmal gesagt, dass man durch das ganze Land laufen kann, wenn man den Fußweg-Pfeilen folgt. Eine Vorstellung, die ich immer aufregend fand. Jedes Mal wenn sie mich in ihrem lila Auto mit den Federsitzen durch die Gegend fährt, halte ich durch das Fenster Ausschau nach den Pfeilen und überlege, wo sie wohl hinführen. Und jetzt weiß ich, dass ich auf diesen Wegen zu ihr gelangen kann.

Ich springe auf die erste Holzstufe des Übertritts und schwinge das Bein über den Zaun, wobei ich mir vorkomme wie ein mutiger Entdecker – bis ich merke, dass ich auf einer Kuhweide gelandet bin.

Ich bleibe stocksteif stehen.

Vor mir sind ungefähr zwanzig schwarz-weiße Kühe. Einige liegen im Gras, aber manche stehen auch aufrecht da und schauen mich an. Sie sind groß und ich komme mir klein vor. Ich muss an den Tag denken, an dem Papa mal mit mir spazieren gegangen ist – das einzige Mal, nachdem er mit Mama sein Müsliriegel-Geschäft eröffnet hat. An den Tag, an dem ein Bulle uns beide beinahe umgebracht hätte.

Es war letzten Sommer. Papa hatte spontan beschlossen, mit mir angeln zu gehen, so wie sein Vater es immer mit ihm gemacht hatte. Ein paar aus meiner Klasse gehen angeln und deshalb wusste ich, dass die meisten Leute in ein spezielles Angelgeschäft gehen, um Maden zu kaufen, die man als Köder benutzen kann. Aber Papa meinte, das sei gemogelt. Wir würden uns die Köder dort besorgen, wo er sie schon als kleiner Junge herbekommen hatte. Aus einem Kuhfladen.

Rosie fand die Vorstellung, dass ich mit bloßen Händen in einem Haufen Kuhkacke herumwühlen musste, um Würmer zu finden, zum Schreien komisch. Und deshalb kam sie mit.

Wir liefen früh am Morgen los, als die Sonne noch zerknautscht und verschmiert am Himmelsrand hing. Rosie und ich waren das Wandern gewohnt. Deshalb gingen wir voraus und lauschten dem Morgenchor der Vögel, während Papa hinter uns schnaufte und keuchte. Der Chor war wie eine Mauer aus Klängen und es war schwierig, einzelne Vögel herauszuhören. Aber der Gesang war wunderschön. Zumindest bis Papa anfing zu meckern, dass Rosie unseren Angeltrip in eine Vogelexkursion verwandelte. Rosie meckerte wie immer sofort zurück, was nervig war, weil die ganze Streiterei den Vogelgesang übertönte.

Schließlich erreichten wir die Kuhweide. Auf dem Feld stand bloß eine Kuh, die gerade aufwachte. Rosie hörte auf zu motzen und hielt Papa am Ärmel fest.

„Das ist ein Bulle, Papa."

Er hob den Kopf, doch ich erkannte, dass er immer noch sauer war, weil er ihre Hand einfach abschüttelte. „Kein Problem."

„Aber Papa ..."

„Du weißt nicht alles besser, Rosie", fuhr er sie an, was dazu führte, dass der Bulle zu uns hinüberschaute. „Ich mache das schon mein ganzes Leben lang."

Er sprang über den Zaun, obwohl es keinen Überstieg

gab und auch keinen gelben Pfeil, der uns den Durchgang erlaubte, und zog mich auf die Weide. Ich blickte zu dem Bullen, der groß und gemein aussah. Aber Papa hatte die Lippen zu einem Strich zusammengepresst, was meist hieß, dass ich nichts sagen durfte.

Er stapfte mit mir zu einem großen Kuhfladen und ging davor in die Hocke. Dann zog er blaue Gummihandschuhe an und gab mir auch welche. Sein Ärger verwandelte sich wie durch Zauberhand in Erregung und er fing an, hin und her zu wippen.

„Pass gut auf", sagte er. Dann hob er den Kuhfladen hoch, woraufhin eine Wolke aus Fliegen aufstob. Unter dem Fladen war die Kacke ganz flüssig und roch so schlimm, dass ich mir die Nase zuhalten musste. Aber darin wanden sich hektisch Würmer und Maden, als ob sie wüssten, dass man sie erwischt hatte.

Papa lachte und ich musste breit grinsen, weil ich noch nie gesehen hatte, wie sich jemand dermaßen über Kacke freut. Er griff hinein, zog einen langen Wurm heraus und legte ihn in eine Brotdose.

Ich schaute zu Rosie, weil ich wissen wollte, ob sie mitbekommen hatte, wie lang der Wurm war. Aber ihr Gesicht war bleich wie das eines Gespensts geworden und ihr Blick hing in der Mitte der Weide fest.

„Papa ...", krächzte sie.

Auf Papas Stirn bildete sich wieder diese Zornesfalte. Er seufzte und sagte: „Würdest du bitte einfach ..."

Aber mit einem Satz sprang Rosie über den Zaun, warf sich mir entgegen, packte meine blau behandschuhten Hände und schrie: „LAUF!"

Papa und ich blickten gleichzeitig hinter uns und sahen, wie der Bulle auf uns zurannte – und rannte und rannte. Es klang wie das Donnern eines Zugs, der große Dampfwolken ausstößt. Der Bulle hatte die Hörner gesenkt und zielte damit auf unsere Herzen und ...

Wir stolperten und rannten und schrien und mein Herz schlug mir bis zum Hals. Rosie schmiss mich förmlich über den Zaun, sodass ich auf der anderen Seite auf dem Rücken landete. Sie und Papa sprangen hinter mir her, gerade als der Bulle uns erreicht hatte und dieses wütende Schnauben ausstieß, ganz ähnlich wie Papa vor ein paar Sekunden.

Wir alle lagen eine halbe Ewigkeit mit den Kuhfladen-Würmern im Schlamm, bis Papa meinte, es sei Zeit, heimzugehen. Und das taten wir. Schweigend.

Wir sind nie angeln gegangen, was schade war, weil ich am Fluss bestimmt wunderschöne Vögel gesehen hätte.

Vogelinfo Nr. 10

Es heißt, dass Dohlen zu den wenigen Vögeln gehören, die menschliche Gesichter erkennen und unterscheiden können.

Ich klettere wieder über den Zaun auf die andere Seite und schaue auf meiner Karte nach. Es gibt keine anderen Wege außer diesem, es sei denn, ich gehe die Straße entlang in die falsche Richtung und dann nach einer scharfen Kurve wieder zurück. Das will ich aber nicht, weil die Zeit nicht stehen bleibt und Rosie immer noch verloren ist.

Auf der Karte steht, dass man diagonal über die Weide laufen kann, mitten durch die Kühe. Allein bei dem

Gedanken daran schlägt mein Herz schneller und kräftiger und ich merke, wie ich in Panik gerate.

Eine Dohle flattert neben mir auf den Zaun und schaut mich von der Seite her an, als ob sie sich fragt, was los ist.

„Ich weiß nicht, ob ich durch diese Kuhherde laufen kann. Aber ich weiß auch nicht, was ich sonst machen soll", sage ich zu ihr. „Ich muss Rosie finden."

Sie kräht mich an und fliegt zu einem Baum in der Mitte der Weide. Aber ich kann das nicht, ich bin bloß ein Junge ohne Flügel.

Ich packe den Zaun so fest, dass das Holz meinen Handflächen wehtut. Mir wird schwindelig und meine Augen fangen an zu tränen. Ich will wirklich nicht weinen, denn dann kann ich ja nicht sehen, ob die Kühe mich angreifen.

Ich schlage mein Buch der Vögel auf, um mich mit ein paar Vogelfakten zu beruhigen. So, wie Mama es mir gezeigt hatte, als sie in die Schule gerufen wurde, weil ich mein Essensgeld verloren hatte und eine schlimme Panikattacke bekam. Das war zu der Zeit, als ich gerade erfahren hatte, dass Mama und Papa Geldsorgen haben. Die rasenden Gedanken und das Bauchweh, das ich in solchen Momenten immer bekomme, drückten mir auf die Brust, sodass sie ganz eng wurde. Mama

hat sich vor mich hingekniet und mir das Buch in die Hände gelegt.

„Okay, Jasper. Lenk dich mit ein paar Vögeln ab, einverstanden?"

Ich lese jetzt dieselben Zeilen wie damals, als Mama neben mir im Schulbüro hockte.

DOHLEN

Ein paar italienische Diebe haben einmal eine Dohle dazu abgerichtet, Geld von Geldautomaten zu stehlen. Dohlen sind gute Diebe, weil sie klug sind und auch in der Natur Dinge stehlen, mit denen sie ihre Nester verschönern.

Ich bin noch am Lesen, als ich jemanden hinter mir höre. Eine Frau mit grauen Haaren und einem aufgeplusterten schwarzen Mantel kommt zum Überstieg und legt einen langen Holzstecken auf den Zaun.

„Ist alles in Ordnung, Junge?"

Ich klappe das Buch zu und schaue ihre Gummistiefel an, die schlammverkrustet sind.

Die Frau deutet auf meine Karte. „Hast du dich verlaufen?"

Am liebsten würde ich mein Gesicht in den Händen

verbergen und so tun, als ob sie nicht da wäre, bis sie wieder weggeht. Aber dann denke ich an Lulu und dass sie mir gesagt hat, ich solle mutig sein und Hallo sagen. Also hebe ich den Kopf und schniefe. „Nein, ich weiß, wo ich bin. Und ich weiß, dass ich auf die andere Seite der Weide muss, damit ich meine Schwester finden kann. Aber die Kühe stehen im Weg."

Sie schaut in die Richtung, in die auch ich gucke. Dann wirft sie den Kopf in den Nacken und fängt an zu lachen. Die Kühe sehen jetzt sehr interessiert zu uns herüber und einige trotten sogar langsam auf uns zu. Schnell weiche ich vom Zaun zurück.

„Schon gut, du musst keine Angst haben", meint die Frau. „Sie sind bloß neugierig. Das wärst du auch, wenn eine komische Frau und ein Junge vor deinem Zuhause lauthals lachen würden."

Sie lacht erneut. Ich sacke ein bisschen in mich zusammen.

„Weißt du, ich hatte früher Angst vor Vögeln", sagt sie, während sie den Titel des Buchs in meinen Händen liest.

Ich gucke zu ihr hoch. „Aber die sind doch ganz harmlos."

Schon wieder kichert sie und ich denke, vielleicht macht sie das ständig. „Ich weiß, das war dumm von mir, nicht wahr? Ich glaube, ich hatte Angst, dass sie mir ins Gesicht fliegen."

Ich schüttele den Kopf. „Das machen sie eigentlich nie."

„Völlig richtig!", stimmt sie mir zu. „Und weißt du, was ich getan habe? Ich habe mir einen Wellensittich gekauft, der fünfzehn Jahre lang mit mir zusammenlebte. Er wurde mein bester Freund und irgendwann hatte ich überhaupt keine Angst mehr. Wir waren ein tolles Gespann, die alte Meg und Birdy, bis er dann gestorben ist."

Ich kratze am Zaun. „Tut mir leid wegen Ihres Wellensittichs. Aber ich glaube nicht, dass wir zu Hause genug Platz für eine Kuh haben."

Sie lächelt. „Wahrscheinlich nicht." Dann nimmt sie ihren Stecken und deutet damit auf die Weide. „Ich aber schon. Das sind meine Milchkühe. Ich habe jede von ihnen eigenhändig aufgezogen und auch die meisten ihrer Mütter."

Ich mache große Augen und betrachte wieder die Kühe. Mir war nie in den Sinn gekommen, dass Kühe jemandem gehören. Bisher waren es für mich nur riesige Tiere gewesen, die immer im Weg stehen, wenn Rosie und ich spazieren gehen. Rosie stapft dann einfach mitten durch die Kuhherde, als ob sie gar nicht da wäre.

Die Sache mit dem Bullen hat sie nämlich kein bisschen beeindruckt. Ich dagegen bleibe immer am Rand der Weide stehen.

„Na komm schon, Jasper!", ruft sie von der anderen Seite aus. „Sei mutig!"

Irgendwann gebe ich dann auf und gehe nach Hause. Das kommt aber diesmal nicht infrage.

Ich drücke mein Buch an mich. „Können Sie die Kühe nicht einfach wegschicken?", frage ich Meg leise. „Meine Schwester wartet auf mich, ich muss sie finden."

Meg späht über die Weide, als ob sie Rosie auf der anderen Seite sehen könnte. „Deine ältere Schwester, nehme ich an? Was hältst du von folgendem Vorschlag: Ich begleite dich über die Weide, wenn du meine Lieblingskuh begrüßt – Braune Socke. Sie ist so lieb wie ein Hündchen."

Ich will nicht über die Weide gehen, während die ganzen Kühe da stehen, aber ich habe keine Wahl. Und es ist wahrscheinlich besser, mit jemandem mitzugehen, der das ständig macht.

Also nicke ich knapp und Meg lächelt mich freundlich an. „Okay. Es gibt ein paar Regeln, die man beachten sollte, wenn man über eine Kuhweide laufen will."

MEGS REGELN FÜR DAS ÜBERQUEREN EINER KUHWEIDE

Regel Nr. 1: Niemals rennen, unter gar keinen Umständen! Kühe spielen gerne Nachlauf, und wenn man hinfällt, könnten sie unter Umständen nicht rechtzeitig anhalten. Also schön langsam gehen und auf die Füße achten.

Regel Nr. 2: Wenn man eine Kuh mit einem Baby sieht, muss man Abstand halten. Einige Mütter werden aggressiv, wenn sie glauben, dass ihr Kalb angegriffen wird. Falls möglich, sollte man einen anderen Weg suchen.

Regel Nr. 3: Wenn man unsicher ist, sollte man am Rand der Weide entlanggehen. Dann kann man immer in eine Hecke springen, wenn es nötig ist.

Ich präge mir die Regeln ein, indem ich sie mir immer wieder mit meiner inneren Stimme vorsage. Mein Kiefer verkrampft sich.

Meg wedelt mit ihrem Stecken. „Keine Sorge. Du gehst mit der Bäuerin auf die Weide. Wenn eine der

Kühe frech wird, rufe ich einfach ‚Buh!' und sie laufen alle weg, die kleinen Schisser."

Sie springt auf den Überstieg und hilft mir hoch. Ihre Hand fühlt sich rau und staubig an, aber ich halte sie fest, auch als ich auf der anderen Seite im Gras stehe.

„Also los", sagt sie vergnügt. „Schön langsam."

Und dann gehen wir zwischen den Kühen hindurch. Als wir näher kommen, hören sie auf zu grasen und heben ihre Köpfe, um uns zu mustern. Ihre Schwänze werden von Fliegen umschwirrt und peitschen von einer Seite zur anderen. Ich frage mich, ob das heißt, dass sie wütend sind oder gleich angreifen werden, weil das bei meiner Katze Fisch so ist. Jedes Mal wenn sich eine der Kühe bewegt, zucke ich zusammen und Meg drückt leicht meine Hand.

Ich beobachte eine fast ganz weiße Kuh mit ein paar schwarzen Sommersprossen, die langsam auf uns zukommt. Ich ziehe an Megs Hand.

„Es ist alles in Ordnung", sagt sie. „Manche von ihnen sind einfach neugieriger als andere. Das ist bei Vögeln wahrscheinlich auch so, oder? Mein Birdy hat immer sehr gern auf meiner Schulter gesessen. Aber andere Vögel fliegen gleich weg, sobald sie einen Menschen sehen."

In diesem Moment beschließe ich, dass ich Meg sehr gut leiden kann. „Rotkehlchen sind neugierig. Sie folgen Menschen und anderen großen Lebewesen wie zum Beispiel Rehen, weil sie dann manchmal etwas zu fressen bekommen."

Meine Panik klingt ein wenig ab. Die meisten Kühe bewegen sich nicht vom Fleck, als wir vorbeigehen. Manche senken sogar den Kopf und grasen weiter, als ob sie schon wieder das Interesse an uns verloren hätten.

„Da ist sie", sagt Meg. „Die alte Braune Socke."

Ich blicke hoch und sehe eine riesige Kuh geradewegs auf uns zukommen. Meine Nervosität kehrt zurück.

„Sie ist ganz lieb und freundlich", meint Meg. „Kommt immer zu mir, wenn ich die Herde besuche, nicht wahr, mein Mädchen?" Sie streckt die Hand aus. Die Kuh nickt mit dem Kopf, drückt gegen Megs ausgestreckte Hand und versucht, an ihren Fingern zu saugen.

Ich schaue hinunter auf die Hufe der Kuh und sehe, dass sie an allen vier Beinen braunes Fell hat, wie braune Socken.

„Möchtest du sie streicheln? Sie liebt es, wenn man sie hier krault." Meg streicht der Kuh ganz oben über den großen Kopf.

Ich blicke mich um. Ich will einfach nur weg von dieser

Weide, damit sich mein Inneres wieder entknoten kann. Doch Braune Socke guckt mich an, und jetzt, da ich neben ihr stehe und sie sich nicht bewegt, habe ich nicht mehr so viel Angst wie eben noch. Das ergibt eigentlich keinen Sinn, aber vielleicht bin ich mutiger geworden.

Ich atme tief durch und strecke die Hand aus.

Braune Socke schnüffelt an mir und sprüht Kuhrotze auf meine Finger. Ich komme nicht ganz an die Stelle oben an ihrem Kopf, deshalb kraule ich sie zwischen den Augen. Ihr Fell fühlt sich so an wie meine Haare, wenn ich sie ein paar Tage lang nicht gewaschen habe. Ich lächele.

Meg lacht und tätschelt Braune Socke. Und ich glaube, der Kuh gefällt es, im Mittelpunkt zu stehen. „Weißt du, ich nenne diese Weide ‚Das Feld der verlorenen Dinge'. Ich habe hier im Laufe der Jahre schon so viel verloren – eine Halskette, Kopfhörer, sogar einen von diesen Stecken. Aber das Bedeutendste war Birdys Beinring, so was Ähnliches wie die Marken, die die Kühe in den Ohren haben. Als Birdy starb, habe ich den Ring immer in der Tasche mit mir herumgetragen, als Erinnerung. Doch jetzt liegt er irgendwo verborgen auf dieser Weide."

Sie schaut sich im Gras um, als ob sie ihn wiederfinden

könnte. Braune Socke senkt den Kopf und knabbert an meinem Pulloversaum, wobei sie mich mit Kuhspucke bespritzt. Ich lache und schiebe sie weg.

Meg stupst mich an. „Sieht so aus, als hätte dir diese Weide auch etwas weggenommen, Jasper." Ich blicke zu ihr auf und sie lächelt. „Deine Angst."

Es ist mir peinlich, dass sie bemerkt hat, wie sehr ich mich gefürchtet hatte. Doch mir gefällt der Gedanke, dass meine Furcht etwas ist, was ich einfach fallen lassen kann, wie einen Ring.

„Tut mir leid, dass Sie so was Wichtiges verloren haben", sage ich und denke an die Nachtigall.

Meg seufzt, tätschelt Braune Socke zum Abschied noch einmal und geht mit mir zu dem Baum in der Mitte der Weide. „Mir auch. Das Komische daran ist, dass Birdy ihn wahrscheinlich wiedergefunden hätte – glänzende Dinge konnte er sehr gut aufspüren."

Ich nicke. „Das trifft auf viele Vögel zu. Besonders Elstern und Dohlen." Mein Herz macht einen Satz. „Meg, hier in dem Baum nistet eine Dohle!"

Sie runzelt die Stirn. Dann lächelt sie, weil ich plötzlich herumspringe. Aber ich merke, dass sie nicht weiß, worauf ich hinauswill. Also schlage ich das Buch der Vögel auf und lese ihr die Geschichte vor.

Letzten September, in der Woche, bevor Rosie ins Studentenheim der Uni zog, verbrachte Mama Tage damit, Rosies Sachen in zwei Stapel zu sortieren: der Kram, der „zu Hause bleiben" und derjenige, der „zur Uni gehen" würde. Aber Rosie wollte anscheinend gar nichts auf dem „Uni"-Stapel haben. Sich selbst auch nicht.

„Vielleicht sollte ich einfach hierbleiben", sagte sie und durchwühlte die Schachtel mit ihren Vogelfedern. „Mein Auto macht so ein komisches Geräusch und außerdem habe ich die Schlüssel verloren. Ich bleibe einfach hier bei Jasper."

Mein Herz schlug höher und machte einen Purzelbaum, aber Mama kniff die Augen zusammen. „Rosie, ich weiß, du fürchtest dich vor dem Ausziehen. Doch ich verspreche dir, Liebes, es wird alles gut. Also, kannst du jetzt mal kurz all deinen Mut zusammennehmen und deine Autoschlüssel suchen? Ich muss die Sachen hier verräumen, und zwar vor dem großen Meeting."

Mama und Papa redeten seit Wochen nur noch über dieses „große Meeting". Da sollte sich entscheiden, ob wir genug Geld bekommen würden, um in unserem

Haus bleiben zu können. Es war also echt wichtig. Aber es war auch der Tag, an dem Mama eigentlich Rosie zur Uni bringen sollte.

Ich merkte, dass Mama ein richtig schlechtes Gewissen hatte, weil sie Rosie nicht hinfahren und ihr auch nicht helfen konnte, sich in ihrem neuen Zuhause einzurichten. Mamas Augen waren rot und sie versuchte, uns nicht anzusehen. Und egal, wie oft Rosie „Schon gut" und „Ich brauche doch gar keine Hilfe" sagte, glaube ich schon, dass es meiner Schwester etwas ausmachte.

Als Mama aus dem Zimmer ging, um die Kisten in Rosies Rostlaube zu packen, sauste Rosie zum Fenster.

„Ich werde ihr zeigen, was Mut bedeutet", murmelte sie. Sie schob das Fenster auf und stellte die nackten Füße auf den Rahmen. Dann zog sie den Kopf ein und schob sich nach draußen, bis sie im Freien an der Hausfassade stand und sich am Dach festhielt.

Mein Herz brauste und ich packte sie am Hosensaum. „Was machst du denn da?!", zischte ich. „Du fällst noch runter."

Sie blickte zu mir hinab. „Na komm schon, Jasper – sei mutig. Komm mit."

Sie bewegte ihren Fuß und der Hosensaum rutschte mir aus den Fingern. Dann verschwand sie nach oben.

Ich beugte mich aus dem Fenster und schaute hinauf in den strahlend blauen Himmel und zum Dachfirst. Und ich sah, dass Rosie all ihre Kraft einsetzte, um sich auf das Dach zu ziehen, während die Schindeln unter ihr klackten und klirrten. Dann sah ich nach unten, wo mir der verwucherte Garten plötzlich doppelt so weit weg vorkam wie sonst. Und mein Gehirn klapperte vor Angst wie meine Zähne, weil Schwestern nicht fliegen können, wenn sie runterfallen.

„Komm schon!", rief sie mir vom Dach aus zu.

Ich packte den seitlichen Rahmen meines Fensters und setzte meinen Fuß auf den Sims, aber alles – einschließlich der ganzen Welt – beschwor mich: „Mach das nicht, Jasper. Du tust dir noch weh." Und ich zitterte am gesamten Körper.

„Rosie!", schrie ich.

„Du musst mutig sein, wenn du Vögel finden willst, Jasper!", rief sie mir von irgendwo weit oben zu. Ich wollte ja mutig sein. Ich wollte hinausklettern und ihr folgen, aber ich konnte es nicht. Stattdessen rannte ich los. Und ehe ich wusste, was ich tat, raste ich die Treppe hinunter zum offen stehenden Auto, wo Mama verschwitzt und mit hochrotem Gesicht die Kisten auf Rosies fedrige Rückbank wuchtete.

„Jasper, geh ..."

„Rosie ist auf dem Dach!", überschrie ich ihre Worte.

Alle Farbe wich aus Mamas Gesicht. Sie rannte durch das Gestrüpp im Garten zur Rückseite des Hauses, wo wir Rosie mit dem Kopf im Schornstein stecken sahen.

„Komm da runter!", brüllte Mama. Sie zitterte, als ob sie selbst aus dem Fenster klettern müsste.

Rosie zog den Kopf aus dem Schornstein und lächelte. „Hey, Mama – ich habe ein Dohlennest gefunden."

Mama kochte über wie heiße Milch und ihre Worte sprudelten wie Schaum aus ihrem Mund. „Rosie! Rosie – komm runter. Komm sofort da runter oder ich ... ich ..."

Aber Rosie kam nicht. Sie blieb da oben und beobachtete die Dohle auf dem Dach. Und die Panik, die Mama empfand, sickerte in meine Panik. Es dauerte nicht lang, da konnte ich kaum noch atmen und fing an, Sterne zu sehen.

Ich hatte das Gefühl, in ein tiefes schwarzes Meer zu fallen, und alles, was mich vom Versinken abhielt, war Mamas Hand.

„Jasper? Jasper, es ist alles gut. Es ist alles gut. Ich bin da", sagte Mama durch den Sturm.

Rosie hörte es. Sie kletterte vom Dach, ohne dass Mama oder ich es überhaupt bemerkten. Und dann war sie da – am Boden, unverletzt – und kauerte sich vor mich hin. An einem Finger baumelte ihr Autoschlüssel.

„Hey, Jasper? Keine Sorge. Ich habe meinen Schlüssel gefunden. Bestimmt hatte die Dohle ihn stibitzt."

Ich hörte Mama schnauben, eine Dohle würde es doch nie schaffen, mit einem Autoschlüssel aufs Dach zu fliegen. Doch die Geschichte beruhigte mich und es war, als ob ich von meinem eigenen Dach steigen würde, bis ich wieder festen Boden unter den Füßen hatte und normal atmen konnte.

Ich weiß nicht, ob Rosie ihren Autoschlüssel in dem Nest gefunden hat oder ob er die ganze Zeit in ihrer Tasche war. Aber was immer sie oben auf dem Dach entdeckt hatte – es bewog sie, sich in ihr Auto zu setzen und wegzufahren.

Vogelinfo Nr. 11

Dohlen sind meistens einsilbig. Ihre bevorzugten Laute sind „Kja", „Kjä" und „Tschack".

Ich klappe das Buch zu. Es ist seltsam, dass ich die ganze Geschichte vorgelesen habe, weil ich normalerweise immer sehr nervös werde, wenn ich im Unterricht etwas laut vorlesen muss. Und dabei kenne ich meine Klassenkameraden doch viel besser als Meg. Vielleicht hat die Weide mir wirklich die Furcht genommen.

Ich schaue zu Meg, die ihre Hand auf ihr Herz gelegt hat. „Du hast gut daran getan, nicht aus dem Fenster zu klettern! Vielleicht habe ich mich geirrt. Vielleicht ist ein bisschen Furcht gar nicht so schlecht, was meinst du?"

Ich schüttele den Kopf. „Ich war ja nicht mutig. Aber egal, das ist gar nicht der Punkt. Sehen Sie, Dohlen stehlen Sachen für ihr Nest." Ich blicke zum Baum hoch. „Und da oben nistet eine Dohle. Können Sie sie hören?"

Wir sagen kein Wort, bis wir aus der Baumkrone das „Tschack-tschack" des Vogels hören.

„Na ja, wenn Birdys Ring da oben ist, dann kriege ich ihn nie zurück", seufzt Meg.

Ich lächele sie schüchtern an. „Ich klettere ständig auf Bäume, zusammen mit Rosie. Ich hole ihn für Sie."

Ich gebe Meg meinen Rucksack und mein Buch, aber sie wehrt ab. „Ich denke nicht, dass du dir am Verhalten deiner Schwester ein Beispiel nehmen solltest, mein Lieber. Sie scheint mir ziemlich risikofreudig zu sein."

Mein Magen schlägt einen Purzelbaum, doch ich wackele mit dem Kopf, bis der Magen sich wieder beruhigt hat. „Rosie ist mutig und man muss doch mutig sein, wenn man Dinge finden will." Ich blicke hinauf in das Geäst des Baums. „Man muss tun, was man kann."

Ich springe in die Luft und packe den Ast, der am niedrigsten hängt, mit den Händen. Dann schlinge ich die Beine darum.

„Ich glaube wirklich nicht ...", setzt Meg beunruhigt

an, aber ich zeige ihr, wie gut ich mich hochziehen und auf dem Ast hocken kann. Ich wische mir die Hände ab und greife nach dem nächsten Ast. Und dann dem nächsten. Der Baum ist fast wie eine Leiter. Es gibt zwar keine Astbank wie bei unserem Baum zu Hause. Aber je weiter ich klettere, desto mehr habe ich den Eindruck, mit Rosie genau dort zu sitzen und auf die Nachtigall zu warten.

Ich schaue mich um. Der Himmel ist wie ein Teich mit zerzausten Wolken. Ich entdecke Vögel und ein Flugzeug, das Streifen malt, und alles sieht aus wie ein Gemälde, mit mir mittendrin.

Ich gucke nach oben und sehe ein Loch im Baum, nur wenige Äste über mir.

„Sei vorsichtig!", ruft Meg und das bin ich.

Die Äste werden immer dünner. Ich muss aufpassen, dass ich mich nicht in ihnen verheddere und dass ich einen festen Stand habe.

Schließlich bin ich da. Außer Atem vom Klettern, aber mit einem breiten Grinsen im Gesicht. Die Dohle kommt aus dem Loch geflattert. Sie schaut mich erschrocken an, weil sie mich so weit entfernt vom Boden nicht erwartet hat.

Ich blicke der Dohle in das schwarze Perlenauge. Sie

sieht hier oben noch schöner aus. Hier, wo die Sonne so nah ist, dass sie fast die Federspitzen versengt.

Ich spähe in das Loch. Im Nest liegen vier gepunktete Eier und plötzlich bekomme ich ein schlechtes Gewissen, weil ich die Dohle beim Brüten störe. Was nicht im Buch der Vögel festgehalten wurde, ist das Schuldgefühl, das Rosie empfand, nachdem sie auf dem Dach gewesen war – einerseits, weil sie mir damit mehr Angst gemacht hatte als je zuvor, andererseits, weil sie vor lauter Aufregung die Dohle in ihrem Schornsteinnest aufgeschreckt hatte. Manchmal vergesse ich, die schlimmen Teile einer Geschichte aufzuschreiben, weil ich mich nur an die schönen Dinge erinnern möchte. Aber die Wahrheit ist: Einen Vogel beim Brüten zu stören, ist nicht erlaubt, und nett ist es auch nicht.

Ich beiße mir auf die Unterlippe. Ich möchte Meg helfen, doch ich will die Dohle nicht verletzen oder das Nest zerstören. Ich betrachte es genauer und sehe:

Die Schwanzfeder eines Fasans
Eine silberne Halskette
Ein Paar verknotete Kopfhörer
Ein Bonbonpapier
Einen kleinen grünen Vogelring

Mein Herz braust auf. Es wäre so leicht, sich vorzubeugen und den Ring zu nehmen und Meg glücklich zu machen. Ich glaube nicht, dass der Verlust die Dohle sehr stören würde, weil der Ring weder weich noch warm ist.

Ich schaue zu der Dohle, die mich wiederum anschaut, als ob ich es auf ihre Eier abgesehen hätte. Plötzlich will ich nicht mehr hier oben im Baum sein. Rosie und ich beobachten Vögel doch nur aus einem einzigen Grund: Wir wollen mithelfen, sie zu beschützen und für sie zu sorgen. Manchmal vergesse ich das bei der ganzen aufregenden Suche nach ihnen.

Schnell entferne ich mich wieder vom Nest, damit die Dohle in das Loch hüpfen und nach ihren Eiern sehen kann.

Ich entschuldige mich bei dem Vogel, ehe ich wieder nach unten steige. Meg muss laut lachen, als ich ihr erzähle, dass ich Birdys Vogelring zwar gefunden, ihn aber im Nest gelassen habe.

„Du hast das Richtige getan. Der Ring war für mich nur deshalb etwas Besonderes, weil er Birdy gehört hat. Meine Erinnerungen sind sowieso alle hier drin." Sie tippt sich an die Schläfe.

Trotzdem fühle ich mich ein bisschen schlecht. „Aber ich habe Ihnen versprochen, dass ich den Ring finde."

„Das hast du doch auch, Jasper. Und jetzt weiß ich immer genau, wo er ist, wenn ich auf die Weide komme. Dafür danke ich dir. Aber nichts ist so wichtig wie dein Wohlergehen und deine Sicherheit, das musst du stets im Kopf behalten."

Ich nicke. Und ich will Meg immer noch helfen, weil sie mir geholfen hat. Ich sehe eine tintenschwarze Dohlenfeder im Gras liegen und bücke mich nach ihr. „Die ist nicht von Birdy, aber von der Dohle", sage ich. „Ich glaube nicht, dass sie etwas dagegen hätte, wenn Sie sie mitnehmen."

Meg lächelt und drückt die Feder fest an ihre Brust.

Als wir am Tor auf der anderen Seite der Kuhweide ankommen, wirft sie mir einen scharfen Blick zu. „Ist deine Schwester in der Nähe? Sie trifft sich doch mit dir, oder? Du solltest wirklich nicht ganz allein unterwegs sein, finde ich."

Am liebsten würde ich die Frage ignorieren, aber Meg war so nett zu mir. Gleichzeitig weiß ich, dass viele Erwachsene nicht begreifen, wie gut Rosie und ich allein zurechtkommen. Also wähle ich meine Worte sorgfältig, damit mir nicht unabsichtlich eine Lüge herausrutscht.

„Keine Sorge, Rosie und ich sind ständig zusammen unterwegs. Sie ist achtzehn, also schon erwachsen."

Meg wirkt noch nicht restlos überzeugt. „Du triffst dich also wirklich bald mit ihr?"

Bei dieser Frage muss ich nicht lügen. „Sehr bald!" Ich strahle sie an. „Danke für alles, Meg."

„Pass auf dich auf!", ruft sie mir nach, als ich davongehe.

Ich fühle mich jetzt richtig gut bei meiner Suche nach Rosie, weil ich bewiesen habe, wie toll ich Dinge aufspüren kann. Erst Buster und jetzt Birdys Vogelring. Und nicht mehr lange, dann sitze ich wieder mit meiner Schwester im Baum und höre der Nachtigall zu. Alles wird wieder normal sein. Ich weiß es einfach.

Meine Armbanduhr zeigt an, dass es drei Uhr ist. Ich habe keine Ahnung, wie die Zeit so verfliegen konnte. Allmählich mache ich mir Sorgen, dass ich die Raststätte nicht mehr vor Einbruch der Dunkelheit erreiche. Und der Gedanke an Rosie, die dort nachts ganz allein ist, beunruhigt mich.

In diesem Gedanken verstecken sich ein paar Fragen. Zum Beispiel, wieso Rosie dort seit einer gesamten Woche die Nächte verbringt oder warum ihr Handy ausgeschaltet ist, obwohl es doch normalerweise immer an ist. Diese Fragen rufen wieder die Panik auf den Plan, dabei bin ich doch gerade so mutig gewesen. Ich schiebe sie also so weit weg wie möglich und hole stattdessen mein Handy aus der Tasche.

Der Akku ist fast leer und ich habe einige verpasste Anrufe von Mama, was vielleicht der Grund für den geringen Akkustand ist. Ich kann gerade noch bei Google nachsehen, wann heute die Sonne untergeht, bevor sich das Handy ausschaltet.

Das Suchergebnis lautet 20:42 Uhr, also habe ich noch eine Ewigkeit Zeit. Die Mailbox-Nachrichten von Mama kann ich mir nicht mehr anhören – was mir insgeheim ganz recht ist –, weil das Handy nicht mehr angeht.

Sie ist wahrscheinlich bloß sauer, dass ich die zehn Pfund aus der Dose genommen habe. Oder weil ich ihr nicht Bescheid gesagt habe, dass ich weggehe, das ist alles. Eigentlich ist das nicht meine Schuld. Wenn sie nicht die Tür zum Arbeitszimmer zugemacht oder wenn sie mir zugehört hätten, hätten sie ja mitkommen können. Vielleicht hätten sie mich sogar mit dem Auto hingebracht, dann hätte ich das Geld für den Bus gar nicht gebraucht und nicht die ganze Strecke zu Fuß gehen müssen.

Rosie ist immer sauer auf unsere Eltern, weil sie so viel arbeiten. Jedes Mal wenn Rosie zu Hause ist, schreit sie

sie an, dass sie nicht richtig auf mich aufpassen. Und sie schreien zurück, dass Rosie mich „gegen sie aufhetzen" würde. Das macht mich immer so müde. Manchmal ist es einfach besser, wenn sich Mama und Papa im Arbeitszimmer einschließen und uns vergessen. Rosie ist immer für mich da und hört mir immer zu. Und jetzt werde ich auch für sie da sein.

Ich werde sie finden.

Ich gehe weiter. Der Weg führt einen steilen Hügel hinauf und ich muss mich mit den Händen auf den Knien abstützen, um hinaufzukommen. Mein Atem klingt wie ein schnaufender Motor, als ich oben ankomme. Aber der Ausblick ist schön. Eine Seite des Hügels ist über und über mit gelb blühenden Pflanzen bewachsen, sodass es aussieht, als würde sie in Flammen stehen. Auf der anderen ist die Straße zu sehen, die der Bus entlanggefahren ist. Und dahinter ein Flickenteppich aus Feldern, die bis zu einer blauen Linie in der Ferne reichen, von der ich glaube, dass es das Meer ist.

Eine Möwe fliegt über mich hinweg, ohne die Flügel merklich zu bewegen. Rosie hat mir einmal erklärt, dass Vögel auf etwas gleiten können, was man „Thermik" nennt. Das ist wie ein Wind, der hoch- und runtergeht. Es muss sich so anfühlen, als würde man auf einer unsichtbaren Achterbahn leben, die nur man selbst spüren kann. Und nur man selbst kann kontrollieren, wann es hoch- und wann es runtergeht. Und wann der Looping kommt.

Ich strecke mein Gesicht dem Himmel entgegen und breite die Arme aus. Ich tue so, als würde auch ich auf der Thermik gleiten. Und ich glaube, ich kann spüren, wie der Wind zwischen meine Federfinger fährt und mich hoch, hoch und höher hebt. Ich fühle mich, als ob ich überall und alles sein könnte. Und ich weiß tief in meinen Knochen, was ich sein will und wo ich sein will. Bei Rosie.

Ich muss nur weiterfliegen, bis ich bei ihr bin.

Vogelinfo Nr. 12

Vögel haben hohle Knochen, damit sie besser fliegen können.

Ich bin schon kilometerweit gelaufen.

Ich bin über das Feld mit den gelben Blumen gegangen, wo mir die Nase lief und die Augen tränten. Ich habe mir einen Weg durch ein Brombeergestrüpp gehackt, das den Pfad überwucherte und sich in meiner Kleidung verhakte. Und ich bin rund um einen Fußballplatz gerannt, einem Fasan hinterher, der aussah wie der, den der Bus angefahren hatte. Ich wollte nachschauen, ob es ihm gut ging. Der Fasan war ein bisschen nervös, weil ich ihm nachgelaufen bin, aber er war unverletzt.

Jetzt tun mir die Füße weh und die Stiefel zwicken wie

Krebse in meine Fersen. Die Wolken über mir halten eine Versammlung ab und sehen irgendwie wütend aus. Ich ziehe meine Jacke an. Dann laufe ich, so schnell ich kann, weiter, bis mein Rücken klatschnass geschwitzt ist und mein Rucksack sich schwer anfühlt, obwohl ich das Wasser komplett ausgetrunken habe.

Ich klettere über ein Gatter und komme in ein winziges Dorf, das auf meiner Karte Scatterton heißt. Nach der langen Strecke ganz allein freue ich mich, ein paar Geschäfte und Menschen zu sehen. Auf der Hauptstraße geht es lebhaft zu und ständig halten Autofahrer am Rand an, um schnell ins Postamt zu springen oder in den Imbissladen.

Die Pommes riechen köstlich. So köstlich, dass ich nach links und rechts schaue, die Straße überquere und mir das Gesicht an der Schaufensterscheibe platt drücke. Mir knurrt der Magen. Die Schlange reicht fast bis zur Tür und besteht hauptsächlich aus Männern, die entweder auf ihre Smartphones starren oder in die verglaste Auslage spähen, wo verschiedene Fisch- und Wurstgerichte und Pasteten präsentiert werden.

Ein Mann läuft mit einem offenen Styroporbehälter hinaus, in dem Pommes aufgehäuft sind, ganz oben eine hölzerne Gabel. Sie sehen einfach fantastisch aus.

Rosie würde sagen, dass sie perfekt ausgewogen sind, eine Mischung aus knusprig und weich. So was ist nicht leicht zu finden.

Es stecken noch sechs Pfund in meiner Tasche. Am liebsten würde ich hineingehen und fragen, wie viele Pommes ich dafür kriege. Aber ich hebe das Geld wohl besser auf, bis ich bei Rosie an der Raststätte bin. Ich möchte ihr dort ein paar Pommes kaufen, als Entschuldigung dafür, dass ich so lange gebraucht habe, um sie zu finden. Und ich habe ja noch zwei Nussriegel und einen Schokoriegel in meinem Rucksack, die ich stattdessen essen kann. Es ist nur irgendwie nicht so gut, dass ich kein Wasser mehr habe.

Ich lasse das Schaufenster und den Geruch nach Pommes hinter mir und gehe zum Postamt nebenan. Auf dem Schild an der Tür steht, dass es um halb sechs schließt. Es ist fünf vor halb sechs. Ein paar Leute stehen noch an, ich gehe an ihnen vorbei zum Kühlschrank in der Ecke und betrachte das Angebot an Getränken. Ich will eine große Flasche Wasser kaufen, aber die kostet zwei Pfund. Es gibt auch eine Packung Saft für neunzig Pence, also nehme ich lieber die und stelle mich in die Schlange.

Als ich drankomme, frage ich die Frau hinter dem Tresen: „Haben Sie irgendwas für zehn Pence?"

Sie schüttelt den Kopf und gibt mir das Wechselgeld. Na ja, da kann man nichts machen. Wenigstens habe ich wieder etwas zu trinken.

Ich öffne die Tür und bleibe stehen. Draußen hat es angefangen zu regnen. Ich trete von der Tür zurück, um den Weg frei zu machen. Dann ziehe ich mir den Rucksack verkehrt herum an, sodass ich ihn vor dem Körper unter der Jacke trage. Meine Beine werden aber nass werden und ich frage mich, ob das ein Problem sein könnte.

Neben einem Ständer mit Briefumschlägen gehe ich in die Hocke und trinke den Saft aus. Die Getränkepackung erinnert mich an diejenigen, die man in der Schule kaufen kann. Die Schule kommt mir endlos weit weg vor. Aber allein in einer Ecke zu hocken, ist mir vertraut.

Es ist nicht so, dass ich keine Freunde habe. In der Mittagspause spiele ich Fußball und ich bin auch ziemlich gut darin. Ich habe schon jede Menge Tore geschossen. Aber in der Klasse haben irgendwie alle ihre Gruppen mit besten Freunden und ich passe nirgends richtig rein. Wenn ich mit meinen Klassenkameraden rede, habe ich immer Angst, dass sie mich nicht verstehen – nicht so verstehen, wie Rosie es tut. Ich weiß, dass sich keiner von ihnen besonders für Vögel oder die Natur interessiert. Also bleibe ich meistens für mich, weil es einfacher ist.

Ich sauge die letzten Tropfen aus dem Strohhalm und denke wieder daran, was Lulu gesagt hat: dass ich ruhig mutig sein und Hallo sagen sollte. Ich habe es heute geschafft, mit ihr und Meg mehr zu reden als sonst mit anderen. Wenn ich auch in der Schule mutiger sein und mit mehr Menschen reden würde, würde ich vielleicht merken, dass wir doch enger befreundet sein könnten – so wie Lulu, Meg und ich jetzt gute Freunde sind. Hoffe ich wenigstens.

Der letzte Kunde verlässt die Post und die Frau vom Tresen kommt zur Tür, um abzusperren. Sie zuckt erschrocken zusammen, als sie mich entdeckt.

„Du liebe Güte! Was zum ...? Na komm schon, raus mit dir. Wir schließen."

„Aber es regnet", sage ich und stehe auf.

„Dann hättest du dein Geld für einen Regenschirm ausgeben sollen."

Sie hält mir die Tür auf und ich höre, wie der Regen jetzt in Strömen niedergeht. Ich möchte ihr gern sagen, dass Regenschirme acht Pfund kosten und ich nicht so viel Geld dabeihabe. Oder dass sie auch mal versuchen sollte zuzuhören, weil sie dann vielleicht mehr Freunde finden könnte.

Aber das mache ich nicht, weil sie sich über mich zu ärgern scheint. Stattdessen setze ich meine Kapuze auf, ziehe die Schultern hoch und gehe hinaus in den Regen, hinein in das nächste Feld.

Vogelinfo Nr. 13

Das Gefieder der Mehrheit der Vögel ist wasserabweisend, weil sie ein Öl absondern, das sich auf ihre Federn legt.

Wenn es so heftig regnet wie jetzt, verstecken sich die meisten Vögel in Büschen und Bäumen und warten, bis der Regen aufhört.

Ich kann das nicht machen, weil ich Rosie finden muss. Also laufe ich weiter.

Rosie hat mir einmal etwas von „Hypothermie" erzählt. So nennt man es, wenn die Wärme aus dem Körper herausgeht und einem richtig, richtig kalt wird. Sie hat mir das erklärt, weil Leute, die wie wir zu Abenteuern aufbrechen, das bekommen können. Man muss deshalb sehr vorsichtig sein. Ich stecke meine Hände in die Taschen und ziehe den Reißverschluss meiner Jacke ganz hoch. Und sobald ich irgendwo ins Trockene komme, werde ich meine Socken wechseln.

Während ich um ein paar Bauernhöfe herumgehe, überlege ich, ob ich mich da unterstellen kann. Aber die Schweine in den Ställen geben Geräusche von sich, die sie wie Außerirdische klingen lassen. Die durchweichte Karte zeigt mir, dass ich zwischen zwei großen Scheunen durchlaufen muss, nur ist dort aus dem Pfad ein Bach geworden.

Als wir mit unseren Abenteuersuchen anfingen, meinte Rosie, dass man immer auf den Wegen bleiben muss, die in der Karte verzeichnet sind. Auf diese Weise betritt man nicht versehentlich Privatbesitz oder tut irgendetwas Verbotenes. Aber es regnet und ist kalt und die Schweine sorgen dafür, dass mein Herz flattert. Also drehe ich mich um und rase durch einen Schuppen, in dem bis hoch zum Dach Strohballen gestapelt sind. Ich beeile mich und halte meinen Kopf gesenkt. Doch der Wind pfeift laut durch ein Loch im Dach und ich bilde mir ein, dass irgendwo ein Bauer hinter mir herschreit, als ob ich ein gesuchter Verbrecher wäre.

Ich renne und renne, und obwohl die Sonne noch lange nicht untergeht, wird es jetzt schnell dunkel. Ich fühle, wie die Panik immer schlimmer wird.

Ich kann nicht im Buch der Vögel lesen, um mich zu beruhigen, weil die Seiten nass werden würden. Aber ich kann mich an die letzte Geschichte erinnern, die ich hineinschrieb. Als Rosie uns das letzte Mal besuchen kam, erzählte sie mir von einer Krähe, die sie auf ihrem Wagendach gefunden hatte, bevor sie losfuhr.

Sie beschrieb mir die glänzend schwarzen Federn und die Perlaugen. Und ich dachte gerade, wie erstaunlich es war, dass sie so nah an den Vogel herankommen konnte, als sie sagte, dass er tot gewesen war. Die Flügel hatten in einem merkwürdigen Winkel abgestanden und die Krähe hatte nicht geatmet. Rosie glaubte, dass der Vogel vielleicht in der Nacht aus einem Baum gefallen und gestorben sei.

„Die Geschichte gefällt mir nicht", merkte ich leise an.

Rosie hörte auf, den kleinen Körper zu beschreiben, und legte ihren Arm um mich.

„Aber das ist der Kreislauf des Lebens, Jasper. Wenn alle Krähen ewig leben würden, dann gäbe es irgendwann nicht mehr genügend Insekten, die sie fressen könnten. Und der Körper der Krähe wird nicht verschwendet, jetzt, wo das Tier tot ist. Er wird Hunderten und Aberhunderten Insekten als Nahrung dienen."

Ihre Augen strahlten und lächelten mich an, aber ich entzog mich Rosies Umarmung. „Krähen sind was anderes als Maden, Rosie. Maden sind eklig, während Krähen wunderschön und magisch sind."

Sie zuckte mit den Schultern. „Leben ist Leben, Jasper. Nur weil ein Lebewesen klein ist, heißt das noch lange nicht, dass es weniger Recht auf Leben hat als ein anderes. Die Made verwandelt sich in eine Fliege, von der sich Vögel ernähren. Und diese Vögel werden vielleicht wieder von größeren Tieren gefressen. So ist es seit Millionen von Jahren."

Ich mag diese Geschichte nicht besonders und ich weiß auch nicht, warum sie mir jetzt einfällt. Ich kneife die Augen zusammen, um das Regenwasser herauszupressen. Und dann versuche ich an Rosie zu denken, wie sie neben mir in unserem Baum sitzt und meine Hand hält, während wir der Nachtigall lauschen. Und daran, dass ich die Töne nicht nur hören, sondern auch sehen kann. Wie sie vor meinen Augen wie Feuerwerk explodieren und über meine Haut knistern, als ob ich ein eigenes Lied hätte, das nur darauf wartet, sich Gehör zu verschaffen und die ganze Welt zum Schweigen zu bringen. Aber es ist schwer, an so etwas zu denken, wenn ich gerade nichts weiter hören und fühlen und sehen kann als Regen.

Endlich lasse ich den Bauernhof hinter mir und gelange an einen kleinen Fluss, dem ich folge. Schnatternd hopst er über scharfe Felsen. Er fließt an ein paar langen, schmalen Gärten vorbei, durch die sich der Fußweg schlängelt. Es kommt mir komisch vor, mich auf dem Gartengrundstück von jemandem zu befinden, den ich nicht kenne. Aber im Moment kann ich nicht auf der Karte nachsehen, ob ich irgendwo bin, wo ich nicht sein darf.

Und dann fängt irgendetwas über mir an zu grollen, dumpf und kehlig wie ein Specht, und lässt den Himmel vibrieren. Vor mir blitzt es und ich erstarre.

Auf der anderen Seite des Flusses steht ein Baum. Doch jedes Kind weiß, dass man sich bei einem Gewitter niemals unter einen Baum stellen darf, weil dort der Blitz am leichtesten einschlagen kann. Ich renne also durch einen der Gärten, während der Regen auf meine Kapuze prasselt und mir von der Nase tropft und von unten aus dem Gras hochspritzt und mir die Füße durchnässt. Ich laufe, bis ich vor mir eine Gartenhütte sehe und mir mit aller Macht wünsche, dass sie nicht verschlossen ist. Ich packe den Griff und die Tür öffnet sich.

Ich stürme hinein, stolpere über einen Spaten, der in einen Turm aus Blumentöpfen fällt, und ich hinterher – was ziemlich wehtut. Und es liegt wohl am Regen, am schmerzhaften Sturz und auch an der Erleichterung, dass ich nicht mehr draußen im Sturm bin, jedenfalls kann ich nicht anders.

Ich verkrieche mich in eine Ecke und weine.

Vogelinfo Nr. 14

Wasser hilft Vögeln, ihre Körper innerlich und äußerlich zu kühlen.

Es regnet und regnet und regnet. Und bald geht die Sonne unter und dann ist es dunkel.

Je später es wird, desto mehr Sorgen mache ich mir. Eigentlich hätte ich Rosie schon vor Stunden finden sollen, aber jetzt sitze ich an einem fremden Ort fest. Ich kann nicht aufgeben und heimgehen, denn dann finde ich Rosie womöglich nie mehr. Und das will ich mir gar nicht erst vorstellen. Aber ich kann auch nicht nachts durch ein Gewitter laufen.

Ich stelle mich auf einen Tisch in der Ecke der Hütte

und schaue durch ein schmales Fenster nach draußen, in Richtung des dunklen Hauses am anderen Ende des Gartens. Vielleicht ist da jemand, der mir helfen könnte. Doch der Gedanke, dort an die Tür zu klopfen, macht mir noch mehr Angst als die Vorstellung, von einem Blitz getroffen zu werden.

Ich steige wieder vom Tisch und schaue mich um. Wenigstens habe ich es hier warm und ich bin in Sicherheit. Wenn ich nicht zu sehr über die genauen Umstände nachdenke, ist es fast ein bisschen wie Zelten, und damit kenne ich mich aus. Rosie hat ganz oft mit mir im Garten gezeltet.

Die Kurbel-Taschenlampe spendet Licht. Ich ziehe meine nassen Sachen aus und hänge sie zum Trocknen auf den Rechen und den Spaten. Papa hat recht, es ist immer gut, ein Handtuch dabeizuhaben. Es fühlt sich gut an, frische Socken anzuziehen. Und in einem Eimer finde ich einen Pullover, der muffig riecht und wahrscheinlich voller Spinnen ist. Aber er fühlt sich warm an, als ich ihn anziehe, und er reicht mir fast bis zu den Knien.

Ich esse einen Nussriegel und dann noch den zweiten. Den Schokoriegel wollte ich eigentlich für Notfälle aufheben, aber ich habe immer noch Hunger und Angst, also esse ich den auch noch.

Wenn ich früher Angst bekommen habe, kam Mama zu mir ans Bett und streichelte mir übers Haar, bis ich einschlief. Manchmal haben wir auch auf ihrem Smartphone Cartoons geschaut. Und Papa hat mir Abendbrot gebracht und wir haben zusammen im Bett gegessen.

Aber jetzt arbeiten sie nur noch – obwohl Mamas „großes Meeting" gut ausgegangen ist und sie das Haus retten konnten. Eigentlich sollten sie nicht mehr so viel arbeiten müssen. Trotzdem essen sie ihr Abendbrot im Arbeitszimmer, während sie gleichzeitig telefonieren. Mein Teller steht draußen in der Küche, mit einem Zettel, auf dem „Tut uns leid" steht oder „Das bleibt eine Ausnahme", aber das stimmt nicht.

Bevor sie ihre eigene Firma gegründet haben, waren sie ganz anders. Als Rosie vor zwei Jahren ihren sechzehnten Geburtstag feierte, haben sie sich beide den Tag freigenommen. Es war so, als lebten wir in einer Weihnachtskarte, wo alles perfekt ist.

Das Einzige, was Rosie sich damals zum Geburtstag wünschte, war ein Unterstand zum Beobachten von Wildtieren. Wir hatten einmal bei einem Ausflug zu einem Naturschutzgebiet welche gesehen: Das waren kleine Hütten mit einer Bank und einem Fenster, durch das man Vögel betrachten kann, ohne sie zu stören. Es ängstigt Wildtiere, wenn sie merken, dass Menschen sie beobachten. Doch wenn diese sich in Unterständen verstecken, fühlen sich die Tiere sicher und kommen eher aus dem Unterholz.

Rosie dachte nicht, dass Mama und Papa ihr so einen Unterstand kaufen würden, weil sie groß und teuer sind. Und es dauert ziemlich lange, so ein Ding aufzubauen. Außerdem ging es dabei um Vögel und Papa hat nie verstanden, was wir an Vögeln so toll finden. Er denkt, dass wir geradezu von ihnen besessen sind, was irgendwie komisch ist, weil er doch die ganze Zeit nur von seinen Müsliriegeln redet.

Aber sie haben ihr einen gekauft.

Papa ist früh aufgestanden und hat alle Einzelteile auf dem Boden verteilt, richtig viele Holzstücke und Beutel mit Nägeln und Schrauben. Und nach dem Frühstück hat er seine Brille aufgesetzt und sich über die Aufbauanleitung gebeugt, wie er es normalerweise bei seinem Laptop macht. Doch anstatt uns wegzuschicken, damit er in Ruhe arbeiten konnte, bat er uns, ihm beim Zusammenhämmern zu helfen.

Der Unterstand wurde größer und größer und größer. Am Mittag kam Mama mit Käsebroten und Pommes in den Garten, Rosies Lieblingsessen.

Während wir werkelten, hat Rosie uns alles Mögliche über Unterstände zur Tierbeobachtung erzählt, über Dachse und Kaninchen und auch über Vögel. Papa hörte zu und summte vor sich hin und lächelte sogar. Er hat nicht geschrien oder ihr gesagt, sie solle ruhig sein. Und als er von seinen Müsliriegeln erzählte, hat Rosie zugehört. Sie hatte sogar eine Idee für die Website.

Als wir fertig waren, sah der Unterstand ziemlich wackelig aus und es waren viele Nägel übrig, was wahrscheinlich nicht so sein sollte. Aber wir hatten es gemeinsam geschafft und Rosie meinte, das sei der beste Unterstand auf der ganzen Welt. Mama brachte uns heiße Schokolade – mit richtiger Milch, nicht mit Wasser – und wir quetschten uns alle in den Unterstand. Da saßen wir in einer Reihe auf der Bank und schauten aus dem Fenster.

Wir warteten ewig, doch wir sahen überhaupt nichts. Was aber nicht schlimm war, weil wir zusammen waren, ohne dass jemand den anderen anschrie. Und ich kann mich nicht erinnern, dass es danach jemals wieder so war.

Die Hütte hier ist nicht so schön wie unser Unterstand. Sie riecht wie der Pullover, den ich gefunden habe – muffig und staubig. Es gibt auch keine Bank, auf der man mit seiner Familie sitzen könnte, und durch das kleine Fenster unterhalb des Dachs fällt kaum noch Licht, weil es draußen schon so dunkel ist.

Die Erinnerung an Rosies Geburtstag führt dazu, dass ich Mama und Papa ein bisschen vermisse. Das ist mir früher, als ich noch kleiner war, sehr häufig passiert, jetzt aber kaum mehr. Wahrscheinlich habe ich mich daran gewöhnt, dass sie nie Zeit haben. Doch in der vergangenen Woche habe ich sie sehr vermisst, vielleicht, weil alles so komisch war. Ich habe Papa ganz oft in Rosies Zimmer sitzen und weinen sehen. Mama starrte derweil mit leerem Blick aus dem Fenster, als ob sie dort gar nichts sähe.

Mein Inneres verkrampft sich. Jetzt, da ich an sie denke, bekomme ich ein schlechtes Gewissen. Vielleicht hätte ich nicht weggehen sollen. Ich weiß, ich habe eine Nachricht hinterlassen. Aber ich habe so das Gefühl, dass Mama mich abends gern ins Bett gebracht hätte und dass sich beide vielleicht Sorgen um mich machen.

Manchmal, wenn Gefühle richtig kompliziert und schmerzlich sind, versuche ich, sie zu verdrängen. Das rät mir Papa immer, wenn ich Panik bekomme.

„Mach dir keine Sorgen, Jasper. Denk an etwas Schönes."

Schön ist, dass ich hier in der Hütte wirklich in Sicherheit bin. Und obwohl ich mein Ziel noch nicht erreicht habe, habe ich das Gefühl, dass ich trotzdem etwas Gutes und Sinnvolles tue, anstatt zu Hause herumzusitzen und nicht zur Schule zu gehen. Sobald der Morgen anbricht, suche ich weiter nach Rosie und ihrem besseren Ort. Bei diesem Gedanken fühle ich mich schon mutiger.

Wenn Papa hier wäre, hätte er bestimmt einige Tipps fürs Zelten. Er war nämlich vor langer Zeit mal ein Pfadfinder. Ich wette, er wüsste, wo ich etwas zu trinken herbekommen könnte.

Draußen peitscht der Regen um die Hütte. Es ist, als ob ich Papa hören könnte, der mir sagt, was ich tun soll. Ich nehme meine leere Wasserflasche und entdecke einen Trichter, der nur ein bisschen dreckig ist. Dann mache ich die Tür auf, vergrabe die Flasche, so tief ich kann, im Boden, damit sie nicht umfällt, und schiebe den Trichter in die Flaschenöffnung. Eine Weile schaue ich zu, wie der Regen in den Trichter fällt und von da aus in die Flasche tropft.

Es wird eine Weile dauern, bis die Flasche gefüllt ist. Also gehe ich wieder in die Hütte, lege mich in der Ecke auf das Handtuch und decke mich mit der Jacke zu. Als Kopfkissen benutze ich einen alten, platten Ball, den ich unter einem Eimer gefunden habe.

Ich bleibe sehr lange wach – länger als je zuvor. Aber der Regen hämmert Nägel in das Dach der Hütte und die Tatsache, dass Rosie immer noch verloren ist, verursacht mir wieder Bauchkrämpfe.

Ich will mein Handy einschalten, um sie anzurufen, aber es ist nass geworden und der Akku ist sowieso leer. Ich schicke ihr stattdessen eine Gedankenbotschaft.

„Tut mir leid, dass es so lange dauert, Rosie", flüstere ich. „Ich gebe mein Bestes."

Vogelinfo Nr. 15

Das Lied der Nachtigall hat schon viele Künstler inspiriert.

Ich träume, dass ich in einem dunklen Wald bin. Er ist nicht wie der Federnwald, durch den ich am Tag gegangen bin, sondern voller Gestrüpp und Unterholz und Büsche und Dornenranken, die sich in meiner Kapuze verhaken und mich festhalten.

Ich laufe und laufe, komme aber nicht voran.

Und dann höre ich es.

„Jasper!"

Es ist der Ruf eines Vogels, aber ich verstehe ihn und weiß, dass es auch meine Schwester ist.

„Rosie!", rufe ich. Ich drehe mich im Kreis und versuche,

sie zu entdecken. Und plötzlich kann ich im Dunkeln sehen und da, vor mir, da ist sie, gefangen zwischen dornigen Zweigen und verloren. Sie ist eine Nachtigall, sie flattert und in ihrer Brust steckt ein Stachel.

„Bleib, wo du bist, ich komme!", schreie ich.

Ich versuche vorwärtszugehen, aber Ranken haben sich um meine Füße gewickelt und stachelige Büsche stehen mir im Weg. Es fällt mir immer schwerer, mich zu bewegen. Ich winde mich, obwohl es wehtut.

„Ich komme, Rosie!", schreie ich wieder.

Aber ich kann nicht. Im Gegenteil, ich scheine mich immer weiter von ihr zu entfernen. Ich sehe, wie sie gegen die Dornen ankämpft, und ich wünschte, sie würde sich nicht bewegen. Denn als Nachtigall hat sie nur ein kleines Herz und ich will nicht, dass ihr Lied aus ihr herausfließt.

Dann, ganz plötzlich, kommt sie frei und flattert los. Und die Pflanzen verwandeln sich in Federn und tun mir nicht mehr weh. Aber statt glücklich zu sein, dass sie endlich wegfliegen kann, strecke ich meine Hand durch die Federn nach ihr aus und rufe ihr hinterher.

„Komm zurück.

Lass mich nicht allein."

Vogelinfo Nr. 16

Man glaubt, dass die meisten Vögel Menschen als Raubtiere betrachten.

Das Aufwachen kommt mir vor, als würde ich mit einem Rucksack voller Steine einen hohen Berg erklimmen.

Einen Moment lang glaube ich, dass ich zu Hause in meinem Bett liege. Ich überlege, wann mich Mama zum Frühstück ruft oder mich anmeckert, weil ich schon wieder zu spät zur Schule komme. Aber dann mache ich die Augen auf und weiß wieder, dass ich mit dem Kopf auf einem alten Fußball in der Hütte eines Fremden liege. Das Licht, das sich wie Milch durch das Fenster unter dem Dach ergießt, lässt das Innere der Hütte hell leuchten.

Ich blinzele. Ich kann kaum glauben, dass ich ganz

allein eine Nacht lang in einer Hütte überstanden habe, mitten in einem Unwetter. Mein Herz hüpft und ich fühle mich stolz und mutig. Ein bisschen nervös bin ich auch, dass sich Mama und Papa vielleicht Sorgen machen und ich keine Möglichkeit habe, ihnen zu sagen, dass es mir gut geht.

Ich beuge mich vor und befühle meine Hose, die ich aufgehängt habe. Sie ist fast trocken, also ziehe ich sie an und den alten Pullover aus.

Mein Magen knurrt laut, als er aufwacht. Es war dumm von mir, dass ich gestern Abend alles gegessen habe, was ich an Proviant noch übrig hatte. Denn in dieser Hütte gibt es wahrscheinlich bloß Spinnen und die werde ich ganz bestimmt nicht in den Mund stecken. Aber wenigstens habe ich Wasser.

Ich krabbele zur Tür und öffne sie vorsichtig. Das Gras sieht heute saftig grün aus, als ob es überhaupt nicht wüsste, dass es so etwas wie graues Regenwetter gibt. Es ist ein schöner Tag. Meine Wasserflasche ist halb voll und ich trinke sie in einem Zug leer. Das Wasser schmeckt ein bisschen komisch, aber es tut sehr gut.

Ich wische mir den Mund ab. Und dann fällt ein Schatten auf mich und fragt misstrauisch: „Was machst du in der Hütte meines Vaters?"

Ich schreie überrascht auf und werfe instinktiv die Wasserflasche nach der Stimme.

„He!", sagt der Schatten und duckt sich.

Mein Herz dröhnt in meinen Ohren. Ich rappele mich hoch und bin bereit, alles, was ich besitze, zurückzulassen und so schnell wegzurennen, wie ich kann. Aber dann erkenne ich, dass der Schatten kein Monster ist, sondern ein dunkelhaariger Junge mit einem gestreiften Fußballtrikot.

Eigentlich sollte der Anblick eines Gleichaltrigen mir viel weniger Angst machen als ein Monster, aber so ist es nicht. Ich empfinde die gleiche Furcht wie in der Schule und weiche in die Hütte zurück, während ich versuche, dem fremden Jungen die Tür vor der Nase zuzuschlagen.

„He", sagt er wieder und hält die Tür fest, sodass sie sich nicht schließen lässt. „Du kannst hier nicht einfach so einbrechen, weißt du. Mein Papa braucht all diesen Kram ..." Er verstummt und wirkt plötzlich traurig.

Schnell stopfe ich meine Sachen in den Rucksack und schlüpfe in meine Wanderstiefel, ohne sie danach zuzuschnüren. „Tut mir leid ... Ich wollte nicht einbrechen. Aber da war gestern dieses Unwetter und ich wollte nicht vom Blitz erschlagen werden."

Ich stehe auf und will mich an ihm vorbei zur Tür hinausschieben, aber er blockiert den Ausgang und runzelt die Nasenwurzel.

„Warst du die ganze Nacht hier drin?"

Ich betrachte den Schlamm auf meinen Stiefeln Der Junge beugt sich vor und versucht, mir ins Gesicht zu sehen. Ich weiche seinem Blick aus, aber sein Nasenrunzeln verwandelt sich in ein breites, aufgeregtes Grinsen.

„Oh!", ruft er und klatscht in die Hände, als ob er gerade einen Schatz ausgebuddelt hätte. „Du bist dieser vermisste Junge aus den Nachrichten!"

Mein Kopf ruckt hoch und ich weiche zurück, bis mein Rücken gegen die splittrige Wand prallt. „Was? Nein, ich werde nicht vermisst, ich bin doch hier."

Aber der Junge nickt nur und kramt in seiner Hosentasche. „Genau, hier in unserer Hütte. Mann, das ist so was von cool ..."

Er zieht sein Smartphone hervor und steckt vor lauter Konzentration die Zunge zwischen die Zähne, während er etwas eintippt. Mir wird ein bisschen übel. Verschiedene Gedanken flattern in meinem Kopf herum. Aber derjenige, den ich am lautesten höre, ermahnt mich, dass ich losmuss. Ein neuer Tag ist angebrochen und ich habe Rosie immer noch nicht gefunden. Und ich will ganz bestimmt nicht, dass dieser fremde Junge mitbekommt, wie ich in Panik gerate.

Ich will einen Schritt um ihn herum machen, da dreht er sein Smartphone um und hält es mir direkt vor das Gesicht. Das Display leuchtet hell in der dunklen, staubigen Hütte und der Text ist viel zu nah vor meinen Augen, um ihn gut lesen zu können. Aber ich erkenne, dass mir mein Schulfoto entgegenblickt.

NACHRICHTEN-TICKER
Polizei sucht nach vermisstem 9-Jährigen

Die Polizei von Sussex hat die Fahndung nach dem vermissten Jasper Wilde (9) eingeleitet, der gestern gegen elf Uhr vormittags allein von zu Hause weggegangen und nicht zurückgekehrt ist.

Jasper trägt cremefarbene Wanderhosen, einen grauen Pullover und wahrscheinlich eine rote Jacke mit blauen Knöpfen sowie einen blauen Schulrucksack.

Jasper ist ein erfahrener Wanderer und könnte auf Feldwegen oder in nahe gelegenen Vogelreservaten unterwegs sein. Zuletzt wurde er am Samstagabend um 17.32 Uhr ohne Begleitung im Postamt von Scatterton gesehen.

Die Polizei gibt an, dass Jasper womöglich unter traumatischem Stress leidet, da seine Schwester kürzlich bei einem tragischen …

Mein Inneres verkrampft sich bei den letzten Worten und ich kneife die Augen zusammen. Dann werfe ich auch das Handy nach dem fremden Jungen, genau wie die leere Wasserflasche.

„Au!", sagt der Junge und fängt es auf, bevor es zu Boden fallen und womöglich zerbrechen kann. „Was soll das ...?"

In mir ertönt ein lautes Summen und ich kann unmöglich auch nur einen Augenblick länger hierbleiben. Ich ducke mich unter dem Arm des Jungen hindurch und renne, so schnell es geht, durch den Garten. Ich schlittere über das Gras, das sehr nass ist. Unten am Hang hat sich eine Pfütze gebildet, die so breit ist wie ein Teich. Aber ich bremse nicht ab und meine Stiefel sind nicht zugeschnürt und plötzlich rutscht der Boden unter meinen Füßen weg und ich falle platschend ins Wasser.

„Jasper Wilde!", brüllt der Junge hinter mir.

Mir ist kalt und ich bin durchnässt und sitze in einer Pfütze. Der Schock über meinen Sturz donnert wie ein Gewitter in meinem Inneren.

Und dann kommt die Panik.

Vogelinfo Nr. 17

Singdrosseln gehören zu den Vögeln in Europa, die Schnecken fressen.

Ich atme so wie an dem Tag, als Rosie auf das Dach kletterte und das Dohlennest fand – als ob es auf der ganzen Welt nicht ausreichend Luft gäbe und ich sie gar nicht schnell genug inhalieren könnte. Meine Hände schießen in die Höhe und die Pfütze ist ein schwarzes Meer, in dem ich ertrinke, aber statt ins Nichts zu fassen ... finde ich die Hand des Jungen.

Ich denke, dass er mich auslachen will, doch das tut er nicht. Er bückt sich, obwohl ich immer noch in der Pfütze sitze – und er jetzt auch –, und schaut mir in die Augen.

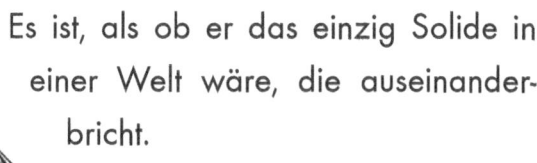

Es ist, als ob er das einzig Solide in einer Welt wäre, die auseinanderbricht.

„Schon gut", sagt er. „Alles ist gut, atme mit mir. Mein Name ist Gan Tran-Stevens und ich bin hier."

Er klingt irgendwie wie ein Erwachsener und ich glaube ihm nicht. Mein Atem wird keuchender, meine Hände zittern und die Situation gefällt mir nicht. Ich habe Angst.

„Du hast eine Panikattacke", meint Gan ruhig. „Hattest du schon mal eine?"

Ich bin mir nicht sicher, ich weiß es nicht, also schüttele ich den Kopf und nicke gleichzeitig.

„Das fühlt sich gerade nicht besonders gut an, aber das ist völlig normal. Es fällt dir schwer, richtig zu atmen. Dir ist schwindelig und dein Herz schlägt unheimlich schnell, doch das ist okay. Das ist alles normal und geht gleich wieder vorbei. Dann fühlst du dich wieder besser."

Es stimmt alles, was er sagt. Ich klammere meinen Blick an seine Augen. Er sieht so aus, als ob er die Wahrheit sagt, weshalb ich anfange, ihm zu vertrauen.

„Willst du wissen, welche Regeln es bei einer Panikattacke gibt? Mein Therapeut hat sie mir beigebracht und sie sind echt hilfreich, um sich wieder zu beruhigen."
Ich nicke und drücke seine Hand fester.

GANS REGELN FÜR PANIKATTACKEN

1. Sage dir, dass alles gut werden wird, denn das wird es. Alles, was du fühlst, ist ganz normal, und bald geht es dir wieder besser.

2. Atme drei Sekunden lang durch die Nase ein und versuche, zwei Sekunden lang den Atem anzuhalten. Dann atme durch den Mund aus. Das ist eine gute Möglichkeit, die Atmung zu verlangsamen.

3. Denke nur an Fakten und an Dinge, die dich glücklich machen.

Zusammen mit Gan zähle ich meine Atemzüge, ein und aus. Anfangs ist es mir peinlich. Aber er lacht mich immer noch nicht aus, also denke ich schließlich an Fakten. Zum Beispiel daran, dass der älteste in freier Wildbahn gesichtete Albatross schon siebzig Jahre alt ist und dass es mir gleich besser gehen wird – wie beim letzten Mal, als Rosie auf dem Dach war und ich keine Luft mehr bekommen habe.

Einatmen, eins, zwei, drei. Halten. Ausatmen, eins, zwei, drei.

Einatmen, eins, zwei, drei. Halten. Ausatmen, eins, zwei, drei.

Als ich nicht mehr so stark keuchen muss, sondern nur noch hickse und ganz erschöpft bin, hilft mir Gan auf. Er legt meinen Arm über seine Schulter und lehnt mich an sich. So gehen wir den Garten hinauf zu einer alten, klapprigen Bank in der Nähe der Gartenhütte.

Ich will „Danke" sagen und „Es tut mir leid", aber er drückt meinen Kopf zwischen meine Beine.

„Nicht reden, du Dussel. Nur atmen. Alles ist gut."

Es tut gut, den Kopf nach unten hängen zu lassen, als ob es in der Nähe des Bodens mehr Sauerstoff gäbe. Ich betrachte die Insekten, die unter mir krabbeln, und zähle meine Atemzüge. Ameisen marschieren in einer Reihe und ein Wurm schleimt durch das Gras. Während ich atme, hüpft nicht weit entfernt eine Singdrossel über die Wiese, schaut zu uns herüber und fliegt mit einer Schnecke im Schnabel davon.

Ich schließe die Augen und denke an die Dinge, die ich über Singdrosseln weiß.

WAS ICH ÜBER SINGDROSSELN WEISS
Singdrosseln lassen manchmal nach Einbruch der Dunkelheit ihr Lied erklingen, was dazu führt, dass sie hin und wieder mit Nachtigallen verwechselt werden. Sie sind in Mitteleuropa weiter verbreitet als Nachtigallen.

Gan rutscht neben mich auf die Bank. „Ich weiß, was man bei einer Panikattacke machen muss, weil ich auch manchmal welche habe", erklärt er. „Besonders, seit mein Papa ..."

Ich hebe langsam den Kopf und schaue ihn an. Ich habe noch nie jemanden getroffen, der solche Ängste hat wie ich. Aber neben mir sitzt ein Junge in meinem Alter, der sich überlegt, ob er mir seine Geschichte erzählen soll. Und ich sehe genau, dass er ein Vogel ist, der sich fürchtet, sein Lied zu laut zu singen. Genau wie ich.

Gan beißt sich auf die Lippe und holt tief Luft. „Mein Papa ist letzten Monat weggegangen. Er ist mit seiner neuen Familie in die USA gezogen. Er hat mir versprochen, dass ich ihn bald besuchen kann, aber manchmal fühlt es sich so an, als hätte ich ihn für immer verloren. Dann geht es mir schlecht. Ich bekomme Panik, werde aber auch wütend und fühle mich irgendwie schuldig." Seine Ohren verfärben sich rosa. „Am schlimmsten war es in der Woche, nachdem er gegangen war. Ich habe den echt teuren Fußball genommen, den er mir zum Geburtstag geschenkt hatte – mit einer Unterschrift von meinem Lieblingsspieler –, und habe ihn richtig weit weggetreten. Und jetzt habe ich den auch noch verloren." Den letzten Teil sagt er ganz schnell. Und dann scheint er ein bisschen erleichtert, dass er es überhaupt ausgesprochen hat. „Das habe ich bisher noch niemandem erzählt."

Das ist eine traurige Geschichte. Ich rücke näher zu ihm hin, damit er weiß, dass ich für ihn da bin, so wie er eben für mich da war. „Du hast ihn wahrscheinlich nicht für immer verloren", sage ich. „Er ist nur an einem anderen Ort." Ich taste hinter mir nach dem Buch der Vögel in meinem Rucksack. „Es ist dasselbe wie mit unserer Nachtigall. Früher flogen immer fünf oder sechs Männchen zu dem Feld hinter unserem Haus und dann war es plötzlich nur noch eins. Und dieses Jahr ist gar keins mehr gekommen."

Meine Gedanken verheddern sich einen Moment lang und ich schüttele den Kopf, bis sie sich wieder entwirrt haben.

„Meine Schwester kann unheimlich gut Vögel aufspüren und sie hat die Nachtigall an der Autobahnraststätte gefunden. Obwohl man kaum verstehen kann, dass eine Nachtigall ausgerechnet dort hinfliegt, bei dem vielen Verkehr. Ich habe mir lange Zeit Sorgen um sie gemacht, aber weißt du – sie ist gar nicht verloren. Sie ist nur an einem anderen Ort, an dem ich noch nicht war."

Gan reißt die Augen auf. „Aber woher weißt du denn, dass es derselbe Vogel ist?"

„Na ja …" Mein Rücken juckt und mir ist furchtbar heiß. Ich setze den Rucksack ab. „Ich weiß es einfach."

Gan sagt eine Weile nichts mehr. In einem Baum höre ich die Singdrossel, die vorgibt, eine Nachtigall zu sein. Aber ich falle nicht auf sie herein.

„Wenn ich nach Amerika laufen könnte, würde ich das wahrscheinlich tun", meint er dann leise. „Ich kann verstehen, dass du von zu Hause weggelaufen bist."

„Ich bin nicht weggelaufen. Ich weiß auch nicht, warum das in dem Artikel steht …"

Wenn ich nicht mein Foto und meinen Namen auf dem Display von Gans Smartphone gesehen hätte, würde ich nicht glauben, dass es in dem Artikel um mich geht. Wie kann ich vermisst werden, wenn ich doch derjenige bin, der Dinge findet? Ich habe Buster gefunden und Birdys Vogelring – obwohl ich ihn am Ende da gelassen habe, wo er war. Und jetzt habe ich einen Jungen gefunden, der sagt, dass er auch manchmal Angst bekommt, so wie ich.

Gan zuckt mit den Schultern und schaut zu dem Häuschen am Ende des Gartens. „Vielleicht machen sich deine Eltern Sorgen um dich. Meine Mama tut das ständig. Das nervt voll."

Ich schüttele den Kopf. „Ich dachte, es würde reichen, wenn ich ihnen eine Botschaft hinterlasse. Das machen Rosie und ich eigentlich immer so …"

Ich fühle mich schrecklich, weil Mama und Papa solche Angst um mich haben. Das war oft der Fall, als ich noch klein war. Sie haben Rosie ständig gesagt, dass ich zu jung sei, um mit ihr zu einem Abenteuer aufzubrechen. Ich habe es gehasst. Rosie hat mich trotzdem immer wieder aus dem Haus geschmuggelt. Manchmal hat sie den Schlamm von meiner Hose gewischt, bevor wir wieder reingingen, aber manchmal hat sie es auch vergessen. Sie hat sich gut um mich gekümmert und wir sind immer wohlbehalten zurückgekommen. Und irgendwann haben Mama und Papa aufgehört, sich solche Sorgen zu machen.

Ich denke wieder an den Zeitungsartikel und an dieses beängstigende Wort, das sich in mein Gehirn bohrt: tragisch. Es hat riesige Flügel und scharfe Klauen, weshalb ich es gleich wieder aus meinem Kopf verbanne und ganz schnell aufstehe.

„Danke, dass du mir geholfen hast", stoße ich hastig hervor. „Aber jetzt muss ich gehen."

Gan steht auf, während ich meine Schnürsenkel binde. „Gehen? Ich habe dich doch gerade erst gefunden. Ich weiß, dass du zu deinem Vogel musst, aber willst du nicht erst was essen oder so? Und du könntest mir helfen, meinen Fußball zu suchen. Und dann sagen wir meiner Mama, dass du hier bist. Sie kommt bestimmt bald vom Einkaufen zurück."

Bei dem Wort „essen" knurrt mein Magen laut und Gan grinst.

Ich schaue zur Sonne, die hoch am Himmel steht. „Vielleicht ein kleines Frühstück …"

Gan lacht noch mal und dann rennt er auf das Haus zu, wobei das Wasser im Gras unter seinen Sohlen aufspritzt. „Frühstück? Jasper, es ist nach zwölf. Mittagessen wäre passender."

Mein Herz macht einen Satz. Wie kann es schon so spät sein? Ich weiß, dass ich letzte Nacht nicht gut geschlafen habe und es ewig gedauert hat, bis ich richtig wach war. Aber ich glaube nicht, dass ich jemals in meinem Leben so lange geschlafen habe. Und trotzdem bin ich müde. Meine Beine tun mir weh von der ganzen Lauferei gestern und ein Teil von mir würde sich am liebsten erneut in der Hütte zusammenrollen und weiterschlafen.

Doch dann kommt Gan wieder den Hang hinuntergelaufen, in den Händen ein Tablett mit Chips und Obst und Wasserflaschen, die bei jedem Schritt klappern.

„Ich habe alles geholt, was wir hatten!", ruft er und lässt das Tablett zwischen uns auf die Bank plumpsen.

Ich nehme mir eine Packung Chips mit Zwiebel-Käse-Geschmack und stopfe mir eine Handvoll in den Mund. Mein Magen schreit gierig auf, und als ich die Packung leer gegessen habe, geht es mir schon viel besser. Ich reiße noch eine auf, dann verschlinge ich eine Banane und trinke fast eine ganze Wasserflasche in einem Zug aus.

„Du solltest an einem Schnelless-Wettbewerb teilnehmen, du putzt das Zeug ja weg wie ein Staubsauger", stellt Gan fest.

Ich lächele ihn schüchtern an. „Ich habe echt Hunger. Ich könnte eine Hütte voller Chips leer futtern."

„Aber nicht die Hütte meines Papas, es sei denn, deine Lieblingssorte ist ‚Salz-und-Spinnen'."

„Chipsfrisch mit Spinnengeschmack", antworte ich.

Gan lacht so schallend, dass er beinahe von der Bank fällt. „Der war gut!"

Ich grinse breit und stecke plötzlich so voller Energie, dass ich das Gefühl habe, den ganzen Weg zu Rosie rennend zurücklegen zu können. Teils liegt das am Essen, teils aber auch an der Tatsache, dass ich mit Gan Witze mache, als ob es das Normalste der Welt wäre. Was es nicht ist. Jedenfalls nicht für mich.

Ich wische mir die Finger an meinem T-Shirt ab und überlege, was noch in der Hütte war, aus dem man einen lustigen Chips-Namen machen könnte. Da stockt mir der Atem. „Gan! Dein verlorener Fußball …"

Ich drehe mich zur Hütte um und fege mir die Chips-Krümel vom Schoß. Gan folgt meinem Blick.

„Ja, da drinnen wollte ich eigentlich heute Vormittag nach ihm suchen, als ich dich fand. Ich habe schon überall sonst nachgesehen. Ich dachte, vielleicht hat meine Mama den Ball gefunden und dort hingebracht, obwohl ich nicht wüsste, warum sie mir das dann nicht erzählt."

Ich nicke und laufe zur Hüttentür. „Ich glaube, ich habe ihn gestern Abend entdeckt und als Kopfkissen benutzt."

Als ich die Tür öffne, höre ich, wie Gan mir nachkommt und über denselben Spaten stolpert wie ich am Tag zuvor. Der platte Ball liegt noch dort, wo ich ihn liegen gelassen habe.

„Ist er da? Hast du ihn gefunden?", fragt Gan aufgeregt.

Ich drehe mich nicht gleich um. Der Fußball sieht traurig aus. So, als hätte ihm jemand in den Bauch geboxt. Ich überlege, ob ich ihn einfach wieder aufblasen kann, aber es ist einer von diesen teuren Fußbällen. Selbst der größte Vogel der Welt hätte nicht genug Kraft und Luft, um ihn aufzupusten.

„Tut mir leid", sage ich, als ich Gan den Ball reiche.

Ich schaue in sein Gesicht. Einen Augenblick lang schaut er verwirrt drein. Dann wird sein Blick schwer und ich fühle mich schlecht, weil ich schuld daran bin. „Oh ...", krächzt er. „War er schon so, als du ihn gestern gefunden hast?"

„Ja", antworte ich schnell, damit er nicht glaubt, ich hätte seinen Ball platt gemacht. „Vielleicht ist es gar nicht der richtige?"

Er geht nach draußen ans Licht und dreht den Ball in der Hand hin und her, bis wir an der Seite die schwarze Schrift sehen, dort, wo sein Lieblingsspieler unterschrieben hat.

Gan schnieft. „Er ist kaputt."

Ich lege ihm den Arm um die Schulter. Er ist ein bisschen größer als ich, weshalb ich mich leicht auf die Zehenspitzen erheben muss. Mir fällt nichts ein, was ich sagen kann, damit er sich besser fühlt. Aber dann denke ich an Meg. „Immerhin hast du ihn gefunden und jetzt weißt du, wo er ist."

Er lächelt mich schief an. „Ja. Danke, Jasper Wilde. Das ist vermutlich schon was wert. Es zu wissen, meine ich. Auch wenn das, was man wissen muss, vielleicht nicht besonders schön ist." Er wischt sich das Gesicht mit seinem Fußballtrikot ab. „Wenigstens muss ich ihn jetzt nicht mehr suchen."

Die Sonne, die sich hinter einer Wolke versteckt hatte, kommt wieder hervor. Und plötzlich wird mir warm in meinem Pullover.

Wir schweigen eine Weile. Gan wirft mir einen unbehaglichen Blick zu, als wolle er noch etwas sagen, und irgendwie merke ich, dass ich es nicht hören will.

„Jasper Wilde, ich glaube, wir sollten meiner ..."

„Das geht nicht", erwidere ich und marschiere zur Bank, auf der noch mein Rucksack liegt. „Ich muss Rosie finden und ich bin schon echt spät dran. Wenn du es jemandem verrätst, versucht man bestimmt, mich daran zu hindern, sie zu finden. Und das geht nicht. Das geht einfach nicht."

Gan kratzt sich am Nacken und scheint zu bemerken, wie ich schon wieder in Panik gerate. „Okay ... Aber ich könnte dir helfen oder ..."

„Nein danke", sage ich und schultere hastig meinen Rucksack. „Tut mir leid, dass ich in der Hütte übernachtet habe. Ich hoffe, die Sache mit deinem Papa renkt sich wieder ein." Ich laufe los. In meinen Ohren hämmert es.

Gan rennt mir nach und ruft mit zitternder Stimme meinen Namen. Ich ignoriere ihn, halte den Blick auf meine Stiefelspitzen gesenkt und platsche durch die Pfütze, in die ich vorhin gefallen bin. Und dann, ganz plötzlich, werde ich von zwei Armen gepackt, herumgerissen und fest gedrückt.

Ich bin völlig geschockt und vergesse einen Moment lang, seine Umarmung zu erwidern. Rosie und Mama und Papa umarmen mich ständig, aber nicht die Jungen in meiner Klasse. Es fühlt sich gut an, aber auch irgendwie so, als ob die Mauern, die ich nach und nach in meinem Kopf aufgebaut habe, in sich zusammenbrechen könnten. Und das will ich nicht. Nicht, wenn ich so kurz davorstehe, Rosie zu finden.

Ich löse mich aus seinem Griff und Gan blickt mich mit ernster Miene an. „Danke, dass du mir zugehört hast, Jasper Wilde. Als ich von meinem Papa gesprochen habe. Ich rede nicht viel darüber und mein Therapeut sagt mir die ganze Zeit, dass ich meine Gefühle offenlegen muss. Aber vielleicht habe ich nur darauf gewartet, mit jemandem zu reden, der mich versteht. So wie du. Und ich weiß, dass der Ball platt war …" Er atmet tief durch. „Doch ich fühle mich jetzt besser, weil ich dir erzählt habe, was passiert ist."

Ich nicke und verberge mein Gesicht. Ich weiß, dass ich sagen sollte, wie sehr ich mich freue, dass er sich besser fühlt. Wie sehr ich mich freue, dass ich ihn kennengelernt habe. Denn so ist es ja auch. Aber trotzdem klingen seine Worte irgendwie schrill und ich muss jetzt wirklich los.

„Auf Wiedersehen, Gan Tran-Stevens", verabschiede ich mich und nenne ihn bei seinem vollen Namen, wie er es auch bei mir tut. „Danke, dass du niemandem verraten hast, dass ich hier war!"

Vogelinfo Nr. 18

Die Amerikanische Rohrdommel tarnt sich in Schilfgräsern, indem sie ihren langen Hals und den Schnabel senkrecht nach oben reckt.

Mit auf den Boden gerichtetem Blick gehe ich an den Gärten vorbei, wobei ich ständig durch Pfützen stapfen muss. Ich schaue nicht auf und halte erst an, als ich auf einem Golfplatz stehe.

Ich gehe nicht gern über Golfplätze, weil ich immer Angst habe, dass mir jemand versehentlich einen Ball an den Kopf schlägt. Aber es sieht nicht so aus, als ob heute

überhaupt jemand spielt. Ich gehe zum Clubgebäude und stoße die himmelblaue Tür zu einer kleinen, leeren Umkleidekabine auf, die nach alten Socken riecht. Dort benutze ich die Toilette. Dann setze ich mich auf eine Bank neben den Spinden und falte die Karte auf.

Sie ist ein bisschen feucht von dem Regen letzte Nacht, aber zumindest bin ich in die richtige Richtung unterwegs. Und es ist jetzt nur noch ein Quadrat und ein bisschen von einem zweiten übrig bis zu der Stelle in Dunton Mayfield, wo der Bus mich gestern abgesetzt hätte, wenn ich nicht dem Fasan nachgelaufen wäre.

Ich habe es so weit geschafft, doch ich habe auch so viel Zeit verloren. Und – schlimmer noch – in dem Artikel, den Gan mir gezeigt hat, stand, dass die Polizei hinter mir her ist. Sie denkt, dass ich vermisst werde.

Ich mag keinen Ärger. Einmal, in der dritten Klasse, hat mich ein Lehrer angeschrien. Ich war am Rand des Fußballplatzes auf einen Baum geklettert, was ich nicht hätte tun dürfen. Ich weiß noch, wie wütend er war und dass die Klasse ganz still wurde, während er geschrien hat. Mein Herz hämmerte so heftig, dass es wehtat, und immer noch wache ich manchmal nachts auf und muss daran denken.

Aber dass die Polizei mich sucht, ist noch schlimmer,

denn das macht sie eigentlich bloß bei Verbrechern. Nicht nur, dass alle denken, ich sei weggelaufen – ich habe auch fremdes Eigentum betreten, als ich gestern im Regen über den Schweinehof gelaufen bin. Und ich habe einen brütenden Vogel gestört, was man nicht tun darf, auch nicht, wenn man den Vogelring eines Wellensittichs sucht.

Ein Teil von mir möchte am liebsten zur nächsten Polizeiwache gehen und – wie damals bei dem Lehrer in der Schule – mit gesenktem Kopf um Entschuldigung bitten. Aber ... Rosie und die Nachtigall sind immer noch verloren. Wenn ich jetzt aufgebe, bleiben sie vielleicht für immer verloren.

Ich stecke die Karte wieder ein, hole das Buch der Vögel heraus und schlage es auf. Ich möchte die Geschichte von dem Ausflug lesen, den Rosie und ich zu einem See mitten im Wald unternommen haben. Rosie hatte ein Picknick vorbereitet. Wir saßen den ganzen Tag am See und versuchten, mit unseren Feldstechern Wasservögel wie Moorhühner und Reiher zu entdecken. Aber das Einzige, was wir sahen, war eine Stockenten-Familie.

„Wieso sind die männlichen Vögel immer so viel schöner als die weiblichen?", fragte ich sie und warf einem der Erpel mit den waldgrünen Kopffedern ein Stück meines Sandwichs zu.

Rosie verdrehte die Augen. „Das kommt darauf an, was man unter ‚schön' versteht, Jasper. Die männlichen Vögel haben zwar das prächtigere Gefieder und führen diese ganzen Tricks auf, um die Weibchen zu betören. Aber die Weibchen sind in Wahrheit schöner als sie."

Ich betrachtete die langweiligen braunen Federn der weiblichen Ente im Wasser und war nicht überzeugt.

„Sieh es doch mal so", sagte Rosie. „Das Weibchen brütet die Eier aus. Das Männchen ist mit seinen Kumpels unterwegs, während sie das Gelege beschützen muss. Stell dir vor, sie hätte diese knallbunten Angeber-Federn – die Füchse würden sie doch im Handumdrehen aufspüren. Aber weil ihr Gefieder dieselbe Farbe hat wie trockenes Laub ..."

Ich hielt Ausschau nach der weiblichen Ente, konnte sie aber nicht mehr entdecken. „He, sie ist weg!", rief ich.

Und Rosie grinste. „Das ist wahre Schönheit, wenn du mich fragst."

Als ich an diesen Tag denke, muss ich lächeln. Wir sahen zwar nicht viele Vögel, aber ich hatte eine Menge über sie gelernt, weil Rosie mir alles über Tarnung erzählte. Sie meinte, überall auf der Welt seien die unterschiedlichsten Vögel in der Lage, sich wunderbar an ihre Umgebung anzupassen – um sich selbst zu schützen oder um sich an ihre Beute anzuschleichen.

Ich bin auch so wie diese Vögel. Die Leute suchen nach mir und ich habe noch einen weiten Weg vor mir. Doch wenn ich mich meiner Umgebung anpasse, dann finden sie mich bestimmt nicht. Vielleicht kann ich es immer noch schaffen.

Ich leere meinen Rucksack aus und überlege, ob mir eine gute Tarnung einfällt. Wenn ich in der Wildnis unterwegs wäre, würde ich mich mit Schlamm und Laub unkenntlich machen. Aber nach etwas mehr als einem Quadrat werde ich in Dunton Mayfield sein. Der Ort ist auf der Karte ein grauer Fleck inmitten des ganzen Grüns, mit eingezeichneten Symbolen für Gebäude wie Schulen, Hotels und Krankenhäuser. Wenn ich durch so eine Stadt laufe, muss ich aussehen wie ein gewöhnlicher Junge. Nur wie ein anderer Junge.

Ich setze meinen Sonnenhut auf, der sowohl meine Haare als auch mein Gesicht verbirgt. Dann kehre ich das Innere meines Rucksacks nach außen, sodass er jetzt schwarz statt blau ist. Das versuche ich auch mit meinem Pullover und meiner Hose. Aber sie haben innen dieselbe Farbe wie außen und ich sehe so nur noch komischer aus, was ich nicht möchte. Also schaue ich mich um, ob jemand etwas im Golfclub liegen gelassen hat.

In einem Spind finde ich eine Rolle Pfefferminzbonbons und in einem anderen eine alte, müffelige Hose. Als ich sie sehe, schlage ich die Tür schnell wieder zu. Dann gehe ich an der Spindreihe vorbei nach hinten, wo verschiedenfarbige Leinensäcke stehen, die prall gefüllt sind.

In den meisten sind nur Handtücher, doch auf einem steht „Fundsachen".

Ich wühle mich durch verschiedene Kleidungsstücke – bunte Hosen und Hüte, Hemden, so groß, dass sie Papa passen könnten, und sogar Schuhe mit Spikes. In all diesen Klamotten würde ich bloß noch mehr auffallen, anstatt mit meiner Umgebung zu verschmelzen.

Doch dann entdecke ich einen grünen Pullover mit dem Logo der „Dunton-Mayfield-Junior-Wanderfreunde" und mein Herz steigt empor wie ein Schwarm Mauersegler. Ich ziehe meinen grauen Pulli aus. Der neue riecht wie ein dreckiger Fußball, aber er passt fast perfekt.

Ich suche weiter nach einer Hose, finde aber keine in meiner Größe. Eine Sonnenbrille verdeckt jetzt fast mein ganzes Gesicht und dank eines weißen Gürtels sieht meine Hose doch ein bisschen anders aus. Ich betrachte mich in einem Spiegel im Gang. Ich sehe nicht mehr aus wie der Junge aus den Nachrichten. Und ich muss darüber lachen, dass ich mich selbst in den Fundsachen verloren habe.

Ich setze den umgedrehten Rucksack auf und präge mir die Strecke ein, sodass ich nicht ständig auf der Karte nachsehen muss. Dann mache ich mich wieder mit gesenktem Kopf auf den Weg, um unerkannt, aber vor aller Augen die Stadt zu durchqueren.

Vogelinfo Nr. 19

Das braune Gefieder von Schneehühnern wird im Winter weiß, sodass sie im Schnee nicht auffallen.

Ich laufe und laufe und laufe – weg von dem Golfplatz, immer mit gesenktem Blick, sodass ich beinahe gegen das Schild renne.

WILLKOMMEN IN DUNTON MAYFIELD

Das ist immer noch nicht die Ziellinie, die ich erreichen will, aber es fühlt sich trotzdem großartig an, es bis hierhin geschafft zu haben. Ich bin angekommen, obwohl der Bus den Fasan erwischt hat und ohne mich weitergefahren ist. Obwohl ich auf eine Kuhweide und in ein Unwetter geraten bin. Und das, obwohl alle Welt nach mir sucht.

„Ich bin fast da!", rufe ich laut.

Ich bin so aufgeregt, dass ich herumspringe wie ein Kakadu, erst auf einem Bein, dann auf dem anderen. In dem Moment kommt ein Auto. Der Fahrer ist langsam unterwegs und mustert mich durch das Fenster – und ich erinnere mich wieder daran, dass ich mich ja eigentlich tarnen wollte.

Ich verlasse die Straße und renne an einem Bauernhof mit einem Ententeich vorbei, wo Kinder ganze Brotlaibe ins Wasser werfen. Ich bleibe nicht stehen, um ihnen zu erklären, dass Brot für Enten gar nicht gesund ist und dass sie das nächste Mal lieber Erbsen in den Teich werfen sollen, weil ich fast am Ziel bin. Ich haste an Kühen vorbei, die glücklicherweise hinter Zäunen stehen, bis zur Vorderseite des Hofs. Dort gibt es einen Laden, in dem Eis verkauft wird.

Nicht einmal dafür bleibe ich stehen, obwohl es ein

perfekter Tag für ein Eis ist und ich wirklich gern eins essen würde.

Aber nicht so sehr, wie ich Rosie wiedersehen will.

Irgendwann muss ich anhalten, um wieder zu Atem zu kommen. Ich husche in eine öffentliche Toilette und hole in der Kabine meine Karte heraus. Ich sehe, dass ich jetzt durch ziemlich viele Straßen laufen muss, auf die andere Seite der Stadt. Dort führen wieder Fußwege durch das Grün, bis zur Autobahnraststätte. Es sind immer noch zwei Quadrate Stadt und fünf Quadrate Feld, bis ich bei Rosie ankomme. Aber mittlerweile beunruhigt mich das nicht mehr, weil ich gestern doppelt so weit gelaufen bin.

Ich falte die Karte zusammen. Dann suche ich nach meiner Wasserflasche, ehe mir einfällt, dass ich damit Gan beworfen habe, als ich dachte, er sei ein Monster. Ich hätte etwas von dem Essen und dem Wasser mitnehmen sollen, das er für mich geholt hat. Noch habe ich keinen Hunger, aber ich kriege allmählich Durst.

Ich taste in meiner Tasche nach dem restlichen Geld. Damit kann ich jede Menge Wasser kaufen. Und es bliebe trotzdem genug übrig, um Pommes für Rosie zu besorgen, wenn ich sie gefunden habe. Das heißt aber, ich muss in den Laden gehen, und dort sind Leute.

Ich verlasse die Toilettenkabine und betrachte mich wieder im Spiegel. Ich überlege gerade, ob meine Tarnung wohl ausreicht, als die Tür aufgeht. Ein Mann mit einem Bart und einer Brille kommt herein. Einen Moment lang denke ich, dass es Papa ist, der mich nach Hause bringen will. Mein Magen macht einen Satz.

Aber er ist es nicht. Der Mann ist jünger als Papa und er schenkt mir keine Beachtung. Er schiebt sich an mir vorbei in die Kabine, aus der ich gerade gekommen bin. Als ob er mich gar nicht wahrnehmen würde.

Wieder fällt mein Blick auf mein Spiegelbild – der Mund steht offen, weil ich nicht glauben kann, dass meine Tarnung so gut funktioniert. Um trotzdem nichts zu riskieren, schleiche ich aus der Toilette und mische mich schnell unter die Familien auf dem Parkplatz. Ich tue so, als würde ich zu ihnen gehören, ohne mich an eine bestimmte zu hängen. Eine nach der anderen steigen sie in ihre Autos. Alle Leute, bis auf mich.

„He, Junge!", ruft jemand hinter mir. Ich weiß nicht, ob ich damit gemeint bin oder nicht. Schnell hebe ich die Hand und winke einer unsichtbaren Person weiter vorn auf der Straße zu. Dann renne ich los, sodass man glauben könnte, meine Eltern wären gleich um die Ecke. Mein Herz klopft mir in den Ohren und ich erwarte, jeden Moment eine Hand auf meiner Schulter zu spüren. Aber nichts passiert. Irgendwann bremse ich ab, um wieder zu Atem zu kommen, und schaue mich um. Niemand ist mir gefolgt.

Ich bin allein.

Vogelinfo Nr. 20

Kubatrogone sind oft zu zweit unterwegs.

Ich war noch nie zuvor in Dunton Mayfield, aber es ist schön, glaube ich. Nicht so groß wie Brighton, wo Mama jedes Jahr im August am Ende der Ferien mit mir hinfährt, um ein neues Mäppchen und einen neuen Schulrucksack zu kaufen. Aber es gibt auch hier Schaufenster, die ich mir ansehe, während ich die Hauptstraße entlanggehe.

Etliche davon gehören zu Läden von Wohltätigkeitsvereinen und die kopflosen Schaufensterpuppen tragen verzierte Brautkleider. Als ich an einer Bäckerei vorbeilaufe, muss ich seufzen, doch ich gehe nicht rein. Als

Nächstes kommen eine Kneipe, ein Buchmacher und ein Bestattungsunternehmer – alles Orte für Erwachsene und kein bisschen interessant. Und dann entdecke ich noch ein Reisebüro mit einer ganzen Reihe Urlaubsziele auf Postkarten im Fenster.

Eigentlich sollte ich nicht stehen bleiben, denn jeden Moment könnte mich jemand erkennen. Aber es wäre doch komisch, wenn man einfach so vorbeigehen würde, ohne sich die Bilder anzusehen. Wenn Mama mit mir einkaufen geht, nehmen wir uns immer die Zeit dafür. Sie stellt sich oft vor, wie wir auf eine einsame Insel fliegen, wo wir dann am Strand liegen und aus Kokosnüssen trinken. Wenn Papa bei uns ist, deutet er immer auf die Reiseziele in Griechenland und Ägypten mit diesen alten Gräbern, die er gern erkunden würde. Und Rosie zählt die außergewöhnlichen Vögel auf, die es an den Urlaubsorten gibt, wie den prächtigen Kubatrogon aus Kuba oder den Weißschwanzkolibri aus Mexiko.

Ich fand es immer schön, etwas über die unterschiedlichen Vögel zu erfahren. Doch am meisten gefallen hat mir die Vorstellung, was für Abenteuer wir als Familie hätten erleben können, an den Stränden und in den alten Gräbern. Aber eine solche Reise könnten wir uns nie leisten.

Der Anblick meines Gesichts in der Schaufensterscheibe lässt mich unwillkürlich zurückweichen – ich sehe aus wie ein Geist. Und mein Kopf schiebt sich über den Kopf eines fremden Jungen auf einem der Bilder. Er lacht, als er von seinem Vater in einen riesigen Swimmingpool geworfen wird, wo seine Mama und seine Schwester ihn auffangen. Ganz plötzlich will ich laut schreien, dass ich Jasper Wilde bin, der vermisste Junge aus der Zeitung, damit man mich auffangen kann und ich nicht mehr dieses Gefühl habe, ins Bodenlose zu fallen.

Ich fühle die Blicke der Leute. Sie mustern mich – vielleicht, weil sie mich erkennen, vielleicht, weil ich ein bisschen weine. Also setze ich die Sonnenbrille wieder auf und gehe schnell weiter.

Schließlich lasse ich die Innenstadt hinter mir und komme in eine Gegend mit Parkplätzen und großen Gebäuden, in denen Teppiche und Sachen für Heimwerker verkauft werden. Die Leute, die mir hier begegnen, telefonieren mit ihren Smartphones oder schleppen Kram herum, der schwer aussieht. Keiner starrt mich an.

Ich habe jetzt starken Durst und Weinen hilft da nicht. Ich schiebe meine Hände in die Taschen und taste nach den Münzen, die meine Hose nach unten ziehen. Auf der anderen Seite des Zebrastreifens, auf den ich zugehe, befindet sich ein Supermarkt. Der Parkplatz davor ist so riesig wie meine ganze Schule.

Es ist wichtig, auf alles vorbereitet zu sein, wenn man wandern geht. Nichts zu essen oder zu trinken zu haben, ist das genaue Gegenteil davon. Ich schaue nach links und rechts, überquere die Straße und schlängele mich zwischen den Autos hindurch zum Haupteingang, wobei ich den Blick gesenkt halte.

An der Tür steht jemand, der die Leute mit einem Lächeln willkommen heißt, aber ich schaue ihn nicht an. Der Supermarkt ist ziemlich groß und es gibt sehr viele Sachen, die ich auf meiner Wanderung nicht brauche. Einige der Sachen, die ich nicht brauche, hätte ich trotzdem gern, zum Beispiel die Zeitschriften über Natur und Wildtiere. Aber ganz vorn, in der Nähe der Türen, gibt es einen kleinen Kühlschrank, in dem sich Snacks und Getränke befinden. Dorthin gehe ich und hole mir eine Flasche Wasser heraus. Ich sehe mich um, ob sie die Müsliriegel von Mama und Papa verkaufen, doch die haben sie nicht. Papa beklagt sich immer über die

Riegel der Konkurrenz, weshalb ich lieber eine Tüte Popcorn nehme.

Das Kinn auf die Brust gedrückt, lege ich die Sachen aufs Band. Die Kassiererin scannt sie mit trägen Bewegungen und lässt dabei Kaugummiblasen platzen. Ich weiß nicht, ob sie mich ansieht oder nicht, aber ich fühle, wie meine Wangen heiß und rot werden.

„Eins neunzig", sagt sie gelangweilt.

Ich werfe ihr zwei Münzen hin und eine rollt auf den Boden, sodass sie sich bücken muss. Sie schnalzt mit der Zunge und ich überlege schon, ob ich einfach ohne mein Wechselgeld abhauen soll. Doch ich bin mir nicht sicher, ob das nicht verdächtig aussehen würde. Also warte ich, bis sie mir die zehn Pence zusammen mit der Quittung hinhält. Ich grapsche danach, stopfe beides in meine Hosentasche und renne los.

Einen Augenblick lang denke ich, dass ich es geschafft habe, dass ich davongekommen bin. Ich hebe den Kopf, als ich auf das „Ausgang"-Schild zulaufe. Und dann bleibe ich wie angewurzelt stehen, denn kurz hinter den Türen stehen in tadellos gebügelten Uniformen – zwei Polizisten.

Vogelinfo Nr. 21

Flugunfähige Vögel, wie etwa Emus, legen bei der Nahrungssuche oft weite Strecken zu Fuß oder auf dem Wasser zurück.

Das war's. Sie haben mich aufgespürt und werden mich mitnehmen. Ich werde Rosie nie wiederfinden.

Ich vergesse, nach unten zu sehen, weil ich unwillkürlich die beiden Polizisten anstarre. Meine Innereien drehen Loopings, wie auf einer Achterbahn. Beide Männer tragen Westen mit ganz vielen Taschen und einen Gürtel, an dem jede Menge Dinge hängen (wahrscheinlich auch Handschellen). Und von ihrer Brust leuchtet mir eine weiße Aufschrift entgegen: POLIZEI.

Ich kneife die Augen zusammen, lege die Handgelenke übereinander und warte darauf, dass sie mich festnehmen. Es tut mir so leid, so leid. Das Schuldgefühl liegt schwer in meinem Magen. Es tut mir so leid, dass ich Rosie nicht finden und zurückbringen konnte.

Nichts geschieht. Ich blinzele mit einem Auge und sehe die Polizisten noch immer an der Tür stehen. Sie unterhalten sich mit einem Sicherheitsbeamten und einem älteren Jungen, der auch ziemlich schuldbewusst ausschaut.

Sie haben mich nicht im Visier.

Mit klopfendem Herzen und wankend wie ein Baum im Sturm weiche ich auf Zehenspitzen zurück. Ich wage nicht aufzublicken, aus Angst, dass sie mich doch entdecken. Und ich versuche, so normal wie möglich zu wirken und gar nicht wie der gesuchte Junge aus den Nachrichten. Ich rücke ein Stück an eine Familie heran und lache über einen Witz, den der Vater macht, als ob ich dazugehören würde. Das führt dazu, dass mich der Mann irritiert anstarrt.

Meine Gedanken brechen aus und ich fühle, wie die Panik in meiner Brust hochsteigt wie kochendes Wasser in einem Kessel. Ich renne vom Parkplatz, die Straße hinunter und werfe einen Blick über die Schulter, ob ich Blaulicht sehen kann.

Die Karte steckt in meinem Rucksack und vor meinen Augen liegt ein Schleier. Ich biege an der Ecke falsch ab und renne durch eine Straße, in der alte Einkaufswagen stehen, dann an der Rückseite eines Lagerhauses entlang. Alles ringsum sieht verloren aus und plötzlich komme ich mir auch verloren vor.

„Rosie?", rufe ich laut.

Aber sie ist nicht hier. Sie kann mir nicht helfen. Und unwillkürlich muss ich wieder an den Zeitungsartikel mit meinem Foto denken und an dieses Wort, das mit scharfen Klauen bewaffnet in meinem Kopf auftaucht.

Tragisch.

Ich will ihm nicht zuhören, ich kann es nicht. Meine Atmung wird wieder ganz komisch. Ich versuche es mit Gans Regeln für Panikattacken und zähle und zähle, bis meine Gedanken sich wieder den Fakten zuwenden.

Rosie ist meine Schwester und sie ist immer für mich da. Komme, was da wolle. Manchmal geht etwas weg, aber es kommt immer wieder – wie Zugvögel. Oder wie Hunde, die sich verlaufen haben, oder verschwundene Vogelringe und Fußbälle.

Nichts ist jemals ganz verloren. Es ist nur an einem anderen Ort. Und ich bin auf dem Weg zu diesem Ort, mit Leib und Seele. Ich werde die Nachtigall finden.

Der Schmerz in Gans Gesicht, als er seinen kaputten Fußball gesehen hat, kommt mir in den Sinn. Ich kneife wieder die Augen zu und denke an Vogelfakten.

<u>ÜBER ZUGVÖGEL</u>
Einige größere Vögel, wie etwa Gänse, folgen älteren Verwandten auf ihrer Wanderung, aber viele kleinere Arten unternehmen ihre erste Reise allein. Man nimmt an, dass Vögel mit einem inneren Kompass geboren werden, der ihnen den Weg weist.

Als ich mich ein bisschen beruhigt habe, hole ich die Karte hervor und ziehe meinen Hut so weit in die Stirn, wie es geht.

Und ich finde den Weg.

Vogelinfo Nr. 22

Einige Zugvögel fliegen bei ihrer Wanderung über zwanzigtausend Kilometer weit.

Ich laufe durch lange, gewundene Straßen, vorbei an Häusern, die alle gleich aussehen. Davor waschen Leute ihre Autos oder mähen den Rasen. Laut meiner Armbanduhr ist es vier Uhr nachmittags. Ich frage mich, was Mama und Papa gerade tun und ob sie sehr besorgt um mich sind. Ich hoffe, dass es ihnen nicht schlecht geht, weil sie die ganze Woche schon so traurig waren und ich es wirklich nicht noch schlimmer machen wollte.

Trotzdem darf ich nicht zulassen, dass sie mich finden. Noch nicht.

Am Anfang einer mit Bäumen bestandenen Allee entdecke ich ein Schild, auf dem „Großer Eichenweg" steht. Der ist auf meiner Karte mit dicken grünen Punkten markiert, was bedeutet, dass es ein ausgewiesener Wanderweg ist. Er erstreckt sich bis zu Rosies Universität und wir sind hin und wieder schon auf ihm gewandert. Daher weiß ich, dass es auf der Strecke viele Hinweisschilder gibt und das Laufen leichter fällt als auf den Trampelpfaden rings um Felder und Bauernhöfe.

Während ich mich immer weiter von den Häusern entferne, verdichten sich die Bäume und nach kurzer Zeit bin ich in einem Wald. Der Boden ist weich und fühlt sich an wie ein Trampolin. In alle Richtungen zweigen Pfade ab. Wenn Rosie bei mir wäre, würde sie jeden einzelnen davon erkunden wollen. Ich aber bleibe auf dem Hauptweg und spähe in die Dunkelheit der Bäume, in diese seltsame, vogellose Stille.

Normalerweise mag ich Wälder, aber der hier erinnert mich an meinen Traum von letzter Nacht. Ich kann keine Menschen sehen, aber ich höre es im Unterholz rascheln und fühle mich beobachtet. Dornen greifen nach mir und packen mich an den Knöcheln. Spinnen weben ihre Netze, um mich einzuwickeln. Ich werde immer schneller und schneller, bis ich anfange zu rennen. Ich schaue immer wieder auf die Karte, während ich über schlammige Pfützen springe und Zweige unter meinen Sohlen knackend zerbrechen.

Irgendwann kann ich nicht mehr und muss stehen bleiben. Die Hände auf die Knie gestützt, ringe ich nach Atem. Eine Honigbiene zappelt am Rand einer Pfütze

direkt vor mir. Als ich mich bücke, sehe ich, dass sie offensichtlich nass geworden ist und sich bemüht, vom Wasser wegzukommen. Ich überlege, ob ich sie mit einem Stock herausfischen soll. Aber ich habe Angst, ihre winzigen Flügel zu verletzen. Also tauche ich stattdessen meinen Zeigefinger in die Pfütze und schiebe die Biene vorsichtig ans trockene Ufer.

Sie summt und schlägt mit den Flügeln und ich habe das Gefühl, etwas bewirkt zu haben. Ich sage dem Insekt, dass alles gut werden wird – wie Gan es mir versichert hat, als ich in Panik geriet –, da verspüre ich plötzlich einen bohrenden Schmerz an meiner Fingerspitze.

Mein Schrei dringt bis zu den verborgenen Vögeln in den Bäumen, die daraufhin in hastiger Flucht vor mir in den Himmel hochfliegen. In meinem Finger steckt ein schwarzer Stachel und der Schmerz verwandelt sich in ein quälendes Pochen, das mir Tränen in die Augen treibt. Ich dachte, ich würde etwas Gutes tun, aber das stimmte nicht. Und jetzt fühlt sich alles falsch an, als ob die Biene mir auch ins Herz gestochen hätte.

„Ach je, was ist denn passiert?", fragt eine sanfte Stimme hinter mir.

Ich wirbele herum und falle dabei hin, sodass meine

unverletzte Hand in den Schlamm platscht. Vor mir steht der älteste Mann, den ich je gesehen habe. Er hat eine Wollmütze auf dem Kopf und trägt den gleichen Pullover wie ich, nur in größer.

Der alte Mann kauert sich neben mich auf den Boden und bemerkt meinen gestochenen Finger.

„Sch, sch, sch", sagt er leise und setzt eine Brille mit großen Gläsern auf, die im Ausschnitt seines Pullovers gesteckt hatte. „Darf ich?"

Ich strecke ihm meinen Finger hin. Seine Haut ist rau wie Papier. Mit dem abgerundeten Daumennagel schiebt er den Stachel aus meinem Finger, wobei ich vor Schmerz die Luft einsauge.

„So ist's gut, schön ruhig und tapfer."

Ich fühle mich nicht tapfer. Ich fühle mich müde und gestochen und allein. Aber der Mann nimmt seinen großen Rucksack ab, der genauso aussieht wie der von dem Bergsteiger auf dem Müsliriegel meiner Eltern, und holt eine Tube mit Wundgel heraus. Das tupft er mir auf die Fingerspitze.

„So, ist das besser?"

Ich nicke schniefend.

In der Schule sagen die Lehrer immer, dass man auf keinen Fall mit Fremden reden darf. Ich habe mich bislang ganz und gar nicht daran gehalten, denn ich habe mit Lulu gesprochen, mit Meg und mit Gan. Aber das waren alles nette Menschen, also hatte ich offensichtlich viel Glück.

Und ich glaube, ich habe schon wieder Glück, denn dieser alte Mann rutscht ein Stück zu der jämmerlichen Biene hinüber und singt ein Lied in einer fremden Sprache.

Vorsichtig hebt er das Tier auf seinen Finger. Sein Lied klingt traurig und wunderschön. Dann verstummt er und sagt: „Ihr Seelenvogel ist davongeflogen." Mit diesen Worten legt er die Biene in das Gras neben dem Weg, damit sie nicht versehentlich zertrampelt wird.

Genau dasselbe hätte auch Rosie getan, wenn sie hier gewesen wäre. Abgesehen von der Sache mit dem „Seelenvogel", denn ich habe keine Ahnung, was das sein soll. Jedenfalls steht er nicht in meinem Buch. Rosie wurde auch einmal von einer Biene gestochen. Die hatte sich in ihrer Colaflasche versteckt, und als Rosie einen Schluck trinken wollte, wurde sie in die Lippe gestochen.

Rosie weint nicht oft, weil sie meint, dass es nur selten einen Grund dafür gibt. Doch an jenem Tag hat sie stundenlang geweint.

Mama sagte: „So schlimm kann das doch gar nicht wehtun!"

Rosie schüttelte den Kopf und antwortete: „Ich weine nicht wegen mir. Ich weine wegen der Biene."

Und so erfuhr ich, dass Bienen normalerweise sterben, wenn sie Leute stechen. Und auch wenn Rosie meint, dass der Tod ein Teil des Lebens ist, hasst sie es, wenn Tiere sterben, nur weil ein Mensch irgendwas Blödes tut – wie zum Beispiel Müll in die Landschaft zu werfen oder zu schnell zu fahren. Oder Cola aus einer Flasche zu trinken.

Wir haben die Biene in unserem Garten beerdigt, in einer Streichholzschachtel. Dabei haben wir alle etwas Nettes gesagt. Zum Beispiel dass wir hoffen, dass es dort, wo sie jetzt ist, viele süße Getränke gibt. Rosies Stimmung schien sich danach aufzuhellen, weil wir die Biene ordentlich begraben hatten und ihr Körper jetzt Teil des Lebenskreislaufs war und sich andere Tiere von ihr ernähren konnten.

„Ich wollte nur helfen", sage ich leise.

Der alte Mann bleibt mit mir auf dem Boden sitzen. Er schaut in die Baumwipfel über unseren Köpfen, als ob sie ihm etwas zuflüstern würden. „Nicht alle Lebewesen erkennen, wann sie Hilfe akzeptieren sollten."

Er dreht sich um und schaut mich an. Ich fühle seine baumstammbraunen Augen in mich eindringen, als ob er all meine Geheimnisse kennen würde. Rasch versuche ich mein Gesicht wieder unter meinem Hut zu verstecken.

„Du gehörst zu den Dunton-Mayfield-Junior-Wanderfreunden, stimmt's?", fragt er und deutet auf das Emblem auf meinem Pulli. „Ich kenne dich nicht, aber in letzter Zeit sind ja auch so viele neue Kinder beigetreten." Er strahlt. „Bist du einer von den neuen?"

Ich will ihn eigentlich nicht anlügen, doch ich habe Angst, dass er herausfindet, wer ich wirklich bin. Also nicke ich knapp und hoffe, dass ich nicht allzu rot werde.

Er tippt sich an die Brust, auf das gleiche Emblem auf seinem Pullover.

„Aber Sie sind kein Junior mehr", stelle ich fest.

Der alte Mann schaut mich überrascht an und ruft dann: „Was meinst du? Ich bin zehn Jahre alt!"

Mit weit aufgerissenem Mund starre ich in sein faltiges Gesicht und das zahnlückige Grinsen, bis er laut auflacht. „Ha, ha! Nein, ich bin achtzig Jahre jung. Aber jemand muss doch aufpassen, dass ihr Junior-Wanderfreunde bei der Stange bleibt, richtig?" Seine Augen funkeln. „Ich habe mich heute freiwillig für die Nachhut gemeldet, um sicherzustellen, dass niemand auf unserer Großen Eichenweg-Wanderung zu Hortons Kreuzung verloren geht."

Er steht auf und streckt mir die Hand hin, um mir hochzuhelfen. Ich weiß nicht, was ich tun soll. Der alte Mann glaubt, dass ich bei einer Gruppenwanderung der Dunton-Mayfield-Juniors mitmache. Ich sollte ihm erklären, dass ich allein unterwegs bin, um meine Schwester zu finden. Allerdings bin ich mir nicht sicher, was passiert, wenn er die Wahrheit erfährt.

„Haben Sie ein Handy …?", frage ich langsam.

Der alte Mann lacht und schüttelt den Kopf so heftig, dass ihm der Hut über die Augenbrauen rutscht. „Du hast doch gehört: Ich bin achtzig! Wem sollte ich eine SMS schicken?"

Ich lächele und packe seine Hand, damit er mich auf die Füße ziehen kann.

„Ich heiße Jasper", stelle ich mich vor und lasse meine Hand in seiner, damit er sie schütteln kann.

„Ibrahim", sagt der alte Mann.

Wir lassen los und setzen unsere Rucksäcke wieder auf. Dann wenden wir uns dem Weg zu. „Alles klar, Jasper. Bist du damit einverstanden, wenn ich dich zurück zu deiner Gruppe bringe?"

Ich muss daran denken, wer eigentlich meine Gruppe ist. Rosie und die Nachtigall. Vielleicht auch Mama und Papa, Fisch und sogar meine Oma. Ich nicke.

Ich weiß noch, wo auf der Karte Hortons Kreuzung eingezeichnet ist. Da endet Ibrahims Wanderung und von dort aus kann ich das letzte Stück zur Raststätte allein zurücklegen. Und obwohl ich immer noch nicht ganz weiß, ob ich mich diesem Menschen anvertrauen soll oder wie ich später wieder von ihm loskomme, bin ich doch froh, dass aus dem Wald wieder ein freundlicher Ort geworden ist. Weil der alte Mann neben mir geht.

Vogelinfo Nr. 23

Es gibt auf der Welt mehr Hühner als Menschen.

Ich dachte, Ibrahim würde mich ausbremsen, aber er ist keineswegs langsam. Tatsächlich ist er fast zu schnell und ich tue immer wieder so, als würde ich meine Schnürsenkel binden, um ein paar Verschnaufpausen zu haben.

Meine Oma ist fünfundsiebzig und kann kaum noch laufen. Sie spielt gern Schach und sieht fern, aber sie hat ein Hüftleiden. Ich dachte, alle alten Menschen wären so.

„Wie kommt es, dass Sie so gut laufen können?"

Mein Begleiter lacht. „Ein Mensch ist so klug wie sein Kopf, nicht wie sein Alter."

Ich runzele die Stirn. „Was soll das heißen?"

Er macht Riesenschritte und wedelt mit den Armen, als ob die ganzen Felder um uns herum ihm gehören würden. „Das ist ein Sprichwort. Früher, in meiner Heimat, hat mir mein Vater eine Menge Sprichwörter beigebracht." Seine Augen funkeln wieder spitzbübisch. „Das eben bedeutet, dass man so jung ist, wie man denkt, und ich denke jung."

Ich grinse, weil Ibrahim zwar alt aussieht, mich sein Lächeln aber irgendwie an Gan erinnert.

„Es heißt jedoch auch, dass ich zwar alt bin, deshalb aber noch lange nicht klug." Darüber muss er lachen, ziemlich viel sogar.

„Mir kommen Sie klug vor. Sie wussten, wie man einen Bienenstich behandelt. Mein Finger tut kaum noch weh."

Ibrahim macht ein übertrieben ernsthaftes Gesicht. „O ja, ich bin sehr verantwortungsvoll." Doch dann fängt er erneut an zu lachen und ich habe den Verdacht, dass er seinen eigenen Worten nicht glaubt.

Mir fällt auf, dass er immer wieder an die Brusttasche seines Hemdes fasst. Manchmal klopft er sogar darauf oder flüstert etwas in einer fremden Sprache. Und als ich genauer hinsehe, erkenne ich etwas in der Tasche, das aussieht wie ein Zettel.

Ich frage mich, ob Ibrahim dasselbe Problem hat wie Lulu, Meg und Gan.

„Ibrahim, was haben Sie verloren?", frage ich.

Er öffnet ein Gatter für mich und ich trete hindurch. „Was meinst du mit ‚verloren'?"

„Na ja, alle, denen ich bisher auf meiner Wanderung begegnet bin, haben irgendwas verloren. Und ich habe geholfen, das Verlorene wiederzufinden. Ich könnte auch Ihnen helfen, wenn Sie möchten."

„Warst du deshalb so weit hinten in der Kolonne?" Ich verberge wieder mein Gesicht, während er das Gatter schließt. Ich hatte vergessen, dass er ja denkt, ich würde eine ganz andere Wanderung unternehmen. Da schüttelt er den Kopf. „Ich habe alles, was ich brauche." Abermals tätschelt er seine Brusttasche. „Nichts verloren."

Wir kommen an ein paar Häusern vorbei. Am Straßenrand picken einige Hühner und tun so, als seien sie wild und frei. Ich senke wieder den Kopf, für den Fall, dass jemand aus dem Fenster schaut und mich sieht.

„Aber irgendwas muss es doch geben", erwidere ich.

Wir kommen an ein weiteres Gatter mit einer riesigen Pfütze dahinter. Wir steigen auf das Gatter und Ibrahim springt mit seinen langen Beinen über das Wasser hinweg, während ich dasitze und die Pfütze betrachte. Ich bin nicht gut im Weitsprung, selbst mit Anlauf, und diese Lache ist breit und sieht tief aus.

„Vielleicht ist es Zeit für dich, damit aufzuhören, anderen zu helfen", sagt er und holt einen alten Backstein aus dem Unterholz. „Jetzt solltest du dir helfen lassen. Wie es deine Biene hätte tun sollen."

Er wirft den Backstein in die Pfütze, woraufhin schlammiges Wasser hochspritzt und wieder nach unten platscht, wie bei einem Springbrunnen. Dann bilden sich kleine Strudel und gurgelnde Blasen um den funkelnagelneuen Trittstein, den er für mich platziert hat.

„Ein guter Reisekamerad verkürzt den längsten Weg."

Er hält mir seine Hand hin. Es wäre so einfach, auf den Stein zu springen und von dort aus auf die andere Seite.

Die ganze Zeit wollte ich so schnell wie möglich zu Rosie. Aber nun, da ich meinem Ziel so nahe bin, habe ich plötzlich das Gefühl, dass ich meine weite Reise nicht abkürzen darf.

Ibrahim lächelt und nickt zu dem Backstein hin. Aber ich brauche seine Hilfe nicht. Ich brauche keine Freunde in der Schule oder Eltern, die mir zuhören, um über eine Pfütze zu springen oder meine verlorene Schwester zu finden.

Ich schaffe das allein. Ich mache es auf meine Art.

Ich stelle mir vor, dass ich springe wie ein Feuerweber. Feuerweber leben in Kenia und Tansania. Sie haben sehr lange Schwänze, die sie in Sprungwettbewerben zur Schau stellen, um im hohen Gras die Aufmerksamkeit der Weibchen zu erregen. Ich denke mir einen langen, gefiederten Schwanz, beiße die Zähne zusammen und stoße mich von dem Gatter ab, katapultiere mich in die Luft. Ibrahim bleibt der Mund offen stehen, als er mich auf der anderen Seite der Pfütze mit einem quatschenden Geräusch landen sieht. Er applaudiert, während ich wieder mein Gesicht verberge. Ich spüre etwas Wasser in einem Schuh, weil mein Sprung ein klitzekleines Stückchen zu kurz war. Und meine Hände sind total schlammig, weil ich bei der Landung ausgerutscht bin.

Aber ich habe es geschafft. Ganz allein.

Ibrahim tänzelt vorneweg und ich folge ihm in meinen durchnässten Socken. Ich weiß, dass er etwas verloren hat, auch wenn er mir nicht sagen will, was es ist. Und ich weiß, dass ich mutig genug bin, um alles zu finden. Selbst eine verlorene Schwester.

Selbst wenn es eine Ewigkeit dauern wird.

Vogelinfo Nr. 24

In den Winterquartieren der Stare leben manchmal mehrere Millionen Vögel.

Wir nehmen einen Weg, in dessen Mitte eine Rinne ausgehoben wurde. Mit einem Fuß in der Rinne, den anderen oben am Rand, humpeln wir voran. Ich bin zwar nervös, weil ich bald an meinem Ziel ankomme und weil es schon fast Zeit für das Abendessen ist. Aber trotzdem höre ich die Lerchen und die Meisen und das Rascheln des Laubs in der Brise, das sich wie knisterndes Seidenpapier anhört. All das beruhigt mich.

Der Himmel sieht aus wie ein großer blauer See, in dem Flugzeuge schwimmen. Einige dieser Flieger kräuseln den Himmel zu Schaum und hinterlassen Spuren aus weißen Blasen, in denen die Vögel baden können.

Ich glaube, die Vögel freuen sich, dass der Regen von gestern der Vergangenheit angehört. Sie verstecken sich nicht mehr, sondern tauchen ins tiefe Blau ein und drehen ihre Loopings.

Ich behalte sie im Auge und versuche, laut zu raten, was für Vögel es sind. Das ist echt schwer, wenn sie hoch oben im Himmel fliegen, anstatt im Baum zu sitzen und zu singen.

Aber dann höre ich etwas und bleibe wie angewurzelt stehen.

„Jasper ..."

„Pst!", sage ich. „Hören Sie."

Wir lauschen. Es klingt wie eine Elster. Aber da verwandelt sich der Gesang in den Ruf eines Sperlings und dann in ein Geräusch, als ob jemand einen ganzen

Wald voller Bäume umsägen und gleichzeitig Nägel in ein Holzbrett schlagen würde. Mir wird klar, dass das alles von einem Star kommt.

Es ist ein bisschen wie Beatboxen. Miss Li hat uns letztes Jahr im Musikunterricht ein Video von einem Beatboxer gezeigt, weil wir zu der Zeit Geräusche durchgenommen haben, die wir nur mit unseren Mündern und Körpern machen können. Bei einigen der Leute in dem Video hat es sich angehört, als ob sie eine ganze Band mit Schlagzeug, Bass und Blasinstrumenten im Mund hätten.

Stare sind die besten Beatboxer überhaupt, wahrscheinlich besser als jeder Mensch.

„Ist das nur ein einziger Vogel?", fragt Ibrahim, die Augen geschlossen, das Gesicht dem Himmel zugewandt.

„Nur ein einziger", bestätige ich. „Stare können Geräusche nachmachen. Sie können all die Lieder der anderen Vögel lernen und auch die Klänge von Dingen, die sie eigentlich nicht nachahmen sollten, wie zum Beispiel die Alarmanlage von Autos. Es ist total komisch, einen Vogel zu hören, der wie eine Alarmanlage klingt, oder? Aber ansonsten finde ich Stare richtig gut."

Ibrahim nickt, die Augen immer noch geschlossen, und ich muss lächeln, weil er so genau zuhört.

„Nur die Nachtigall ist eine noch bessere Sängerin. Sie kennt Hunderte verschiedener Lieder. Haben Sie schon mal eine Nachtigall gehört?"

Ibrahim schüttelt den Kopf. Und dann fängt er an zu singen.

Anfangs noch recht leise, dann wird er immer lauter. Ich schaue mich um, ob uns jemand beobachtet, aber so weit ich sehen kann, sind wir allein auf dem Weg. Der Star verstummt – und auch alle anderen Vögel, so scheint es. Also mache auch ich die Augen zu und spitze die Ohren.

Das Lied ist in einer anderen Sprache verfasst, aber ich glaube, es geht um einen Zug – weil tschuck, tschuck, tschuck darin vorkommt und lange Töne, als ob man durch Tunnel fährt. Es gibt einen traurigen Teil, doch dann wird es wieder hoffnungsvoller. Und unwillkürlich sehe ich Rosies Gesicht vor mir, wie sie irgendwo unter einem anderen Baum sitzt und der Nachtigall lauscht, das Gesicht zum Himmel erhoben, genau wie wir. Und es fühlt sich an, als ob wir gemeinsam ein Lied hören, obwohl wir viele Quadrate voneinander entfernt sind, zusammen und getrennt, alles auf einmal.

Ibrahim hört auf zu singen. Es gibt Minuten, in denen der ganzen Welt die Worte zu fehlen scheinen.

„Was für eine Sprache ist das?"

Er schlägt die Augen auf und blinzelt, als ob er jetzt erst wahrnehmen würde, wo er ist. „Türkisch. Meine Muttersprache, bevor ich mit meiner Frau hierherzog, vor sechzig Jahren."

„Das klang wunderschön", sage ich. „Sind Sie ein Sänger?"

„Das war ich. Früher. Meine Frau und ich waren in einer Band. Wir sind durchs Land gefahren und haben auf Hochzeiten gesungen, auf Festivals oder einfach nur auf der Straße. Wenn jemand da war, der zuhören wollte, haben wir gesungen." Ibrahim klopft sich wieder auf die Herztasche, den Blick in weite Ferne gerichtet.

„Wo ist Ihre Frau jetzt? Ist sie auch bei den Dunton Mayfield-Junior-Wanderfreunden?"

Sein Gesicht zerbricht ein wenig und mein Magen hüpft. Ich wünschte, ich könnte die Frage durch meine Lippen wieder in mich hineinsaugen wie mit einem Strohhalm.

„Früher war sie das", antwortet Ibrahim und legt seine Hand jetzt komplett über die Brusttasche. „Aber nun ist sie an einem besseren Ort."

Die Worte fahren durch mich hindurch wie ein Stromschlag. Ich mache einen Satz nach hinten, sodass

Ibrahim zusammenzuckt und sich umsieht, was mich verletzt haben könnte.

Er war es. Seine Worte umschwirren mich wie Bienen, die Dolche statt Stacheln am Leib haben, zusammen mit diesem anderen Wort ...

Tragisch.

Ich kann nicht zuhören. Kann nicht denken.

Ich lege die Hände über meine Ohren und renne los.

Vogelinfo Nr. 25

Die Nachtigall gehört zur Familie der Drosselvögel.

Ich dachte immer, Worte wären fantastische, wahre Dinge, die mir helfen, meine Ruhe zu finden. Aber Ibrahims Gesichtsausdruck, als er erzählte, seine Frau sei an einem besseren Ort, vermischt sich mit dem meines Papas, als er etwas ganz Ähnliches zu mir sagte. Und jetzt sind diese Worte wie Dornen.

„Rosie ist an einen besseren Ort gegangen", sagte Papa.

Das heißt, dass sie bei unserer Nachtigall ist. Rosie sitzt oben in einem Baum und lauscht in der tintigen Dämmerung dem Lied des Vogels. Sie wartet darauf, dass ich zu ihr komme und das Gefühl wiederfinde, dass alles auf der Welt in Ordnung ist.

Ich will nicht mehr wissen, was Ibrahim verloren hat.

Ich renne und renne den schmalen Pfad entlang und stolpere auf dem unebenen Boden. Ich sehe alles verschwommen und mein Kopf ist voller Panik. Und so bemerke ich das Kaninchenloch mitten auf dem Weg nicht.

„Au!", schreie ich, als sich mein Knöchel verdreht. Ich sinke zu Boden und umklammere meinen Fuß.

Der Schmerz verheddert sich mit all den anderen schlimmen Dingen und ich sitze mit dem Hintern auf der Erde und fange an zu weinen.

Etwas raschelt, Ibrahim beugt sich über mich. Ich will ihm sagen, dass er weggehen und mich allein lassen soll, aber gleichzeitig will ich es auch wieder nicht. Wortlos untersucht er meinen Knöchel und bewegt meinen Fuß vorsichtig hin und her, während er mich die ganze Zeit nicht aus den Augen lässt.

„Deinem Knöchel geht's gut", sagt er mit einem freundlichen Lächeln. „Du hast Glück gehabt, er ist nur verknackst."

Ich fühle mich nicht, als ob ich Glück hätte. Ibrahim reicht mir ein Taschentuch und beobachtet mich, während ich mir damit über die Augen wische. Dann schaut er nach links und rechts den Weg entlang.

„Hast du vielleicht ein Handy, Jasper?"

Ich schüttele den Kopf. „Es geht nicht mehr."

Ibrahim wirkt jetzt besorgt. Ich sollte mir ebenfalls Sorgen machen, aber ich bin einfach nur müde und verwirrt und würde mich am liebsten hinlegen und ein bisschen schlafen.

„Wir sollten weiter, es wird bald dunkel", meint Ibrahim und schaut in den Himmel, der immer noch strahlend blau ist. Aber meine Uhr sagt mir, dass er in gerade einmal zwei Stunden rabenschwarz sein wird.

„Ich will nicht", antworte ich mit kleiner Stimme.

Ibrahim scheint verunsichert. Dann setzt er sich jedoch neben mich, obwohl es ziemlich schlammig ist und er helle Hosen anhat, genau wie ich.

„Na gut", sagt er. „Es ist sowieso Zeit fürs Abendessen."

Mir knurrt der Magen, als er seinen Rucksack aufmacht und ein ganzes Picknick herausholt. Er hat alle möglichen Dinge dabei – belegte Brote, Kekse, Oliven, Schokoriegel und Kirschen, die nach dem Waschen in Küchenpapier gewickelt wurden. Anfangs nehme ich mir nur ein paar Kirschen. Aber dann geht es mir plötzlich besser und ich esse drei belegte Brote, einen Keks und noch eine Handvoll Oliven. Alles ist ziemlich süß oder salzig, weshalb ich fast die komplette Flasche Wasser, die er mir gibt, in einem Zug leer trinke.

„Tut mir leid, dass ich weggelaufen bin."

Er nickt. „Willst du mir sagen, warum? Bei mir bist du in Sicherheit, Jasper."

Bei Ibrahim fühle ich mich tatsächlich sicher. Und das ist merkwürdig, weil ich es bis vor Kurzem noch für unmöglich gehalten habe, mich je bei einem Erwachsenen, den ich nicht kenne, so zu fühlen – geschweige denn, dass ich ausführliche Gespräche mit ihm führen würde. Aber jemandem anzuvertrauen, was ich im Moment denke, kommt mir so vor, als würde ich den Adler aus Panik befreien, den ich in meiner Brust eingesperrt habe. Und davor habe ich Angst.

Stattdessen deute ich auf die Vögel, die ich in den Bäumen zwitschern höre: das Rotkehlchen mit seinem Warnruf, die Mönchsgrasmücke und den Sperling – einen echten, keinen Star, der sich als Sperling ausgibt. Mit jedem Vogel, den ich finde, ebbt die Panik weiter ab und ich fühle mich ein bisschen stärker.

„Sehr gut, sehr gut", sagt Ibrahim und sieht ganz schön beeindruckt aus.

„Meine große Schwester Rosie hat mir viel beigebracht", erkläre ich und blicke auf meine Stiefel. „Alles fing mit der Nachtigall an. Als ich klein war, hat Rosie mich aus dem Haus geschmuggelt, wenn sie mich eigentlich ins Bett bringen sollte. Dann sind wir zusammen auf unseren Baum geklettert. Da haben wir einfach nur gesessen und gewartet – und es war das Größte."

„Das Größte", wiederholt Ibrahim flüsternd. „Das gefällt mir."

„Als ich älter wurde, haben wir Wanderungen unternommen. Und Rosie hat mir erzählt, dass der Vogelgesang wie ein riesiges, kompliziertes Puzzle ist, weil die Vögel ständig gleichzeitig reden und die einzelnen Teile durcheinandergeraten. Aber wenn man weiß, wie die Einzelteile klingen, ist es einfacher, alles zu entwirren und richtig zusammenzusetzen."

Ich werfe Ibrahim einen Blick aus den Augenwinkeln zu. Ich fürchte, dass ihm langweilig ist oder er sich ärgert, weil ich so viel über Vögel rede. Wie Papa manchmal. Aber Ibrahim hört mir einfach zu und das ist schön. Vielleicht hat sich Gan so gefühlt wie ich gerade, als er mir anvertraute, dass sein Papa nach Amerika gezogen ist. Als ob er mir alles erzählen könnte, weil ich ihn verstehen würde.

Ich lecke mir das Salz von den Lippen. „Die Nachtigall ist jedes Jahr zum Feld hinter unserem Garten geflogen, Ibrahim, seit ich denken kann. Aber in diesem Frühling habe ich jeden Abend auf sie gewartet und sie ist immer noch nicht da. Ich weiß, dass es immer weniger Nachtigallen gibt, weil die Leute die Büsche herunterschneiden, in denen die Vögel ihre Nester bauen. Aber ich dachte, unsere Nachtigall sei in der Nähe unseres Hauses sicher, weil wir uns doch um sie kümmern." Meine Hände zittern. „Und so ist es auch mit Rosie. Ich dachte ... Ich dachte, sie wäre in Sicherheit."

Ich fühle, wie Ibrahim mich aufmerksam mustert.

„Wenn man jemanden liebt, tut man doch alles, was man kann, um ihn zu finden, oder nicht?", frage ich.

Ich erwarte, dass Ibrahim nicken oder eines seiner Sprichwörter zum Besten geben wird, doch nichts dergleichen passiert. Er sitzt ganz still da. Ich wünschte, er würde jetzt mit dem Zuhören aufhören und mir stattdessen sagen, dass alles gut werden wird und die Nachtigall bald zurückkommt. Dass ich Rosie finden werde und sie schon weiß, wie alles wieder so werden kann wie früher, als ein Junge und seine Schwester zusammen in einem Baum saßen.

Schließlich schaut Ibrahim mich an. Seine Augen

wirken traurig. „Wer seinen Kummer verbirgt, wird keine Heilung finden. Das Mutigste, was jemand tun kann, ist, die Wahrheit zu sagen, Jasper."

Er packt das Essen ein und fängt wieder an zu singen. Es ist dasselbe Lied wie vorhin, aber diesmal klingt der Zug so, als ob er entgleist wäre.

Vogelinfo Nr. 26

Alle Höckerschwäne in England und Wales gehören streng genommen dem König von Großbritannien.

Den Rest des Weges legen Ibrahim und ich schweigend zurück. Er will schneller gehen, aber ich bin müde und schlurfe nur noch. Schließlich erreichen wir einen Spielplatz mit einem Klettergerüst, einer Schaukel und einer Rutsche.

Auf einem Schild steht: Willkommen an Hortons Kreuzung.

Ein älteres Mädchen schubst einen Jungen in meinem Alter auf der Schaukel an. Er schwingt so hoch in der Luft, dass es aussieht, als ob er sich gleich überschlagen würde. Trotzdem ruft er ihr zu, sie solle ihn noch höher fliegen lassen. Und das Mädchen schubst ihn weiter an und lacht und ihre Wangen sind knallrot.

Das Mädchen sieht nicht aus wie Rosie. Und der Junge sieht nicht aus wie ich. Ich würde mich nie trauen, so hoch zu schaukeln wie er. Dennoch fühle ich eine Erschütterung in meinen Knochen.

Vor uns liegt der Fluss, den ich auf der Karte gesehen habe, wo er sich wie eine dicke Schlange zwischen Eichen und Felsen hindurchwindet. Ich muss ihn überqueren und dann noch über ein Feld, aber Ibrahims Wanderung endet hier.

Ibrahim blickt sich suchend nach den anderen aus seiner Gruppe um, aber ich kann niemanden entdecken, der einen grünen Pullover trägt. „Wir finden bestimmt bald jemanden", sagt er leise.

Meine Panik schnürt mir die Kehle zu und ich weiß nicht, was ich tun soll. Ich will, das Ibrahim mich auf meiner Suche nach Rosie begleitet. Doch ich glaube nicht, dass er das tun würde, und ich kann ihm nicht sagen, dass ich ihn angelogen habe.

Er wendet sich gerade dem Weg zu, der in die Stadt führt, als wir plötzlich Rufe hören.

„Hilfe! Helft uns!"

Ibrahim wirbelt herum, die Arme ausgebreitet wie ein Superheld, bereit zum Abheben. Am Flussufer springen zwei kleine Jungen auf und ab. Sie sehen sich so ähnlich, als hätte jemand den einen vom anderen abkopiert, und winken mit ihren Mützen.

Obwohl sie verängstigt klingen, durchströmt mich Erleichterung.

Ibrahim eilt im Laufschritt zu den beiden hinüber und ich folge ihm. „Alles in Ordnung bei euch?", fragt er.

Die Jungen sind außer Atem vom auf und ab Springen. Sie sehen nicht nur völlig gleich aus, sondern tragen auch identische Latzhosen und haben ihre Haare beide zu einer Stachelfrisur gegelt.

„Unser Papa ...", keucht der Junge links von uns.

„Sein Boot steckt fest und er kann nicht mehr weiter", sagt der Junge rechts.

Wir schauen hinaus auf den Fluss, der über moosige Felsen und durch grünes Schilf gluckert. In der Nähe des gegenüberliegenden Ufers sitzt ein verlegen wirkender Mann in einem Ruderboot, das sich in einem Schwanennest verfangen hat.

„Es ist alles okay, wirklich!", ruft der Vater uns zu. „Ich muss wahrscheinlich bloß ..."

Er schaukelt das Boot von einer Seite zur anderen und

wedelt unkontrolliert mit den Armen, als es dabei beinahe kentert.

Ibrahim schaut mich an. „Ich glaube nicht, dass ..."

Doch der Zwilling, der neben mir steht, scheint sehr beunruhigt zu sein. „Bitte", sagt er, „er steckt da schon ewig fest und wir wissen nicht, was wir tun sollen."

Der andere Zwilling deutet auf ein Ruder, das im Gras liegt. „Er hat die hier verloren. Alle beide. Das eine haben wir rausgefischt, aber das andere ist weg."

„Wir brauchen selbst Hilfe", meint Ibrahim. Auf einmal wirkt er wie ein Erwachsener, nicht wie ein Junge im Körper eines alten Mannes. „Hat euer Vater ein Handy?"

Während die beiden Zwillinge hektisch auf Ibrahim einreden, setzt sich der Fluss in meinen Adern fest und durchströmt sie mit Panik. Ich werde erwischt werden, die Polizei verhaftet mich, es sei denn, ich verschwinde von hier. Und zwar sofort.

Und wie ich es auf meiner Wanderung gelernt habe, kämpfe ich jetzt gegen meine Panik an. Ich ziehe meine Stiefel aus, stopfe die Karte in meine Tasche und hebe das einzelne Ruder auf. Und dann nehme ich Anlauf und renne auf den Fluss zu.

Die Zwillinge schreien laut, als ich über das Wasser fliege. „Er schafft es!"

Ich lande auf einem Felsen, der aus dem Wasser ragt. Er ist kalt und rutschig und ich laufe Gefahr, das Gleichgewicht zu verlieren.

Ibrahim streckt die Hand aus und versucht, mich zurückzuhalten. „Jasper, nein! Der Mann kann drüben an Land gehen. Wir müssen die anderen finden."

„Es geht schon", sage ich und richte mich auf. „Hören Sie, das ist Rosie und mir auch mal passiert, als wir auf einem See waren und nach Schwänen Ausschau hielten. Ich habe dabei ein Ruder verloren. Rosie hat mir einen Schlag beigebracht, den man mit nur einem Ruder ausführt. Man braucht also gar nicht zwei, um vorwärtszukommen." Ich halte das eine Ruder hoch. „Bloß eins."

„Wir müssen dich nach Hause bringen, Jasper."

Er klingt besorgt, aber ich achte nicht auf ihn. Ich tauche das Ruder in eine schlammige Stelle vor mir, an der das Wasser nicht besonders tief ist. Dann drücke ich das Ruder nach unten, während ich nach vorn springe. Und auf diese Weise hüpfe ich flink – links-rechts, links-rechts – über kleinere Steine zu einem sehr großen in der Mitte, auf dem man schlecht landen kann, weil er oben ganz spitz ist, wie ein versunkener Berg.

„Sei vorsichtig!", ruft der Mann aus dem Boot.

Ich wische mir mit der Hand über das Gesicht und

ruhe mich einen Moment auf dem Felsen hockend aus, damit ich wieder zu Atem komme. Ich bin schon fast drüben und ich sehe die Zwillinge hinter mir am Ufer auf und ab springen.

Aber wo ist Ibrahim?

Ich blicke mich um und entdecke ihn, wie er am Ufer entlangläuft. Er hat meine Stiefel in der Hand und ich rufe ihm zu, dass er stehen bleiben soll. Er biegt jedoch auf einen Teil des Ufers ab, der in den Fluss hineinragt, und springt mit seinen langen Beinen auf die andere Seite.

Schnell stehe ich auf und mache mich zum Absprung bereit, um vor Ibrahim anzukommen. Das Boot ist nur noch einen Felsen weit entfernt. Ich erwarte, dass der Mann darin mir voller Ehrfurcht entgegenblickt, weil ein ängstlicher Junge sich über den Fluss gewagt hat, um ihn zu retten. Aber er starrt mich nur an.

Ich gerate ins Stolpern.

„Bist du nicht der vermisste Junge aus den Nachrichten?", fragt der Mann.

Ich hüpfe auf den letzten Stein und dann in sein Boot, das Gesicht von ihm abgewandt. „Nein, ich bin nicht vermisst. Ich bin doch genau hier."

Ich steche mit dem Ruder in das Vogelnest und drücke

mit aller Kraft, versuche, uns frei zu bekommen, während der Mann sein Handy aus der Tasche zieht.

Das Ruder fällt mir aus der Hand.

„Du siehst genauso aus wie er. In den Nachrichten wurde davon berichtet. Ein Junge ist gestern von zu Hause weggerannt, weil er seine Schwester suchen wollte, und offenbar sind seine Eltern außer sich vor Angst."

Es fühlt sich an, als würde etwas meine Brust zerquetschen. Und dann kommt Ibrahim angerannt und streckt mir vom anderen Ufer aus seine Hand entgegen.

„Jasper!", ruft er. „Komm!"

Aber vor mir verschwimmt alles, weil ich entdeckt wurde.

Der Mann neben mir ergreift das Ruder und stößt damit gegen das Nest. „Nur gut, dass du deinen Opa dabeihast", sagt er fröhlich. „Der vermisste Junge aus den Nachrichten ist allein, der arme Kerl. Und nach dem, was mit seiner Schwester passiert ist … Sehr tragisch."

Mein Blut pulsiert heiß.

Ich möchte den Mann fragen.

Was ist tragisch? Was?

Aber ich will ihn auch wegstoßen und sein Handy kaputt machen und niemals so eine Frage stellen. Ich schaue Ibrahim an, als ob ich ihn so davon abhalten könnte, etwas zu sagen, weil all diese Worte den Fluss aufpeitschen, sodass er sich in ein wütendes Meer verwandelt.

„Der vermisste Junge aus den Nachrichten?", wiederholt Ibrahim langsam.

Der Mann reicht Ibrahim das Handy und Ibrahim sieht hin.

Ich krabbele an den Rand des Boots und versuche, ihm das Handy wegzunehmen.

Doch dann liest Ibrahim etwas. Es muss etwas Schlimmes sein, denn ich sehe, wie das Licht verschwindet und seine Augen totenkrähendunkel werden.

Er schaut mich an und sein Gesicht fällt in sich zusammen.

Und es ist, als ob ich selbst auch fallen würde.

Tief hinunter.

In das eiskalte Wasser.

Vogelinfo Nr. 27

Kolibris können rückwärtsfliegen.

Ich springe.

Ich springe mit allem, was ich habe.

Ich falle nicht ins Wasser und Rosie geht es gut, gut, gut. Ich werde sie finden. An der Autobahnraststätte, wo sie unserer Nachtigall lauscht. An ihrem besseren Ort.

Ich springe.

An das Ufer, weg von dem Mann und seinem festsitzenden Boot. Weil es dumm von mir ist, mich aufhalten zu lassen, während ich doch unbedingt weitermuss. Es tut mir so leid, Rosie.

„Jasper", sagt Ibrahim, der noch meine Stiefel in der Hand hält.

Ich brauche ihn nicht. Ich brauche nichts und niemanden. Ich bin alles, was Rosie braucht, und sie ist alles, was ich brauche.

Und so renne ich los.

Ich höre die Zwillinge weinen, weil ich ihren Vater nicht gerettet habe. Aber er redet von irgendeiner tragischen Sache und von mir aus kann er bis in alle Ewigkeiten mit seinem Boot da stecken bleiben.

Ich höre auch, wie Ibrahim mir nachrennt und versucht, mich zum Stehenbleiben zu bewegen. Aber er ist sehr alt und ich werde nicht stehen bleiben. Ich werde erst dann wieder stehen bleiben, wenn ich Rosie gefunden und ihr gesagt habe, dass es mir leidtut, so lange gebraucht zu haben.

„Ich wusste es nicht", sagt Ibrahim immer wieder und wieder. „Dein Pullover. Ich dachte ..."

„Es gibt nichts zu wissen!", schreie ich über das brausende Wasser hinweg. Ibrahims Gesicht ist voller Sorge, voller Falten, seine Augen weit aufgerissen.

Die Zweige und Steine, die unter dem Gras versteckt liegen, bohren sich in meine Füße und die Luft sticht zwischen meinen Rippen.

Das Gatter, das mich von der Wildnis trennt und hinter dem es weiter zur Raststätte geht, liegt direkt vor mir.

Ich wirbele herum und reiße dem keuchenden Ibrahim meine Stiefel aus der Hand. Dann ziehe ich sie an, ohne Socken. Ich trete auf den Überstieg, aber Ibrahim hält mich an der Schulter fest.

„Jasper, du brauchst Hilfe …"

Ich schüttele seine Hand ab und er springt zurück, denn ich bin aus Feuer gemacht und es schmerzt, schmerzt, schmerzt.

„Ich brauche GAR NICHTS!", brülle ich so laut, dass die Krähen in den Bäumen hochflattern. „Ich bin mutig und ich bin clever. Ich habe einen langen Weg ganz allein zurückgelegt, bevor ich Sie traf, und ich brauche Sie nicht! Gehen Sie einfach heim!"

Er hebt die Hand und wirkt verängstigt und das sollte er auch. „Deine Eltern machen sich große Sorgen. Ich muss dich nach Hause bringen, Jasper. Du musst dich beruhigen."

Seine Worte zucken wie ein Blitz durch mich hindurch, bis tief in meine Knochen, und ich trete sie mit meinen elektrisierten Beinen in das Gatter, wieder und wieder. Ich höre nicht auf, obwohl meine Zehen wehtun. Ich kann einfach nicht. Es erzeugt ein schreckliches, donnerndes Geräusch, sodass die Vögel kreischend aus den Bäumen fliehen, aber wenigstens ertränkt es die schlimmen Dinge in meinem Kopf. Ich muss das eine Wort aus meinem Gehirn kriegen. Doch Ibrahim hat es gelesen. Und ich habe gesehen, was dabei mit seinen Augen passiert ist.

„Gehen Sie weg!" Ich schreie ihn mit geballten Fäusten an. „Sie sind doch bloß ein blöder alter Mann, der sich wie ein kleiner Junge benimmt, und ich will Sie nicht bei mir haben!"

Er sieht traurig aus. „Eine Messerwunde heilt, aber eine durch die Zunge geschlagene Wunde eitert."

Das macht mich nur noch wütender. Doch es gibt nichts mehr, was ich noch schreien könnte, denn alle Worte sind weg. Ich drehe mich um und steige über das Gatter. Ibrahim bekommt den Griff meines Rucksacks zu fassen, aber ich werfe die Tasche einfach ab und laufe davon. Er bleibt mit meinem Rucksack in der Hand zurück.

Das Gras auf der anderen Seite ist lang. Ibrahim kann schnell laufen, ist jedoch nicht so klein und so gut im Verstecken wie ich. Ich renne schneller, als ich je gerannt bin.

„Jasper!", ruft Ibrahim ein ums andere Mal. „Jasper, bitte!"

Ich springe über einen schmalen Bach und rutsche

dahinter die Böschung hinab, bis ich ganz unten am Hang bin, wo ich mich ins lange Gras ducken kann. Mit der Hand über dem Mund, damit ich nicht mehr so laut atme, bleibe ich möglichst still liegen. Ich spüre den kalten, nassen Schlamm, der durch den Stoff meiner Kleidung sickert.

Ibrahim ruft immer noch meinen Namen. Ich sage ihm mit meiner inneren Stimme, dass er mich in Ruhe lassen soll. Dass er gehen und diese Worte, die er gelesen hat, mitnehmen soll, weil ich sie nicht haben will. Aber während seine Rufe immer schwächer und leiser werden, scheint die Welt ringsum sich zu verdunkeln.

Vogelinfo Nr. 28

Die Flügel von Reihern können doppelt so groß sein wie ihr Körper.

Ich glaube, ich weine, während ich da im Schlamm liege. Aber ich weiß es nicht genau, weil ich so fürchterlich friere.

In meinem Kopf ist nichts als Rosie.

Ich denke an meinen neunten Geburtstag. Ich will in unserem Buch der Vögel lesen, aber es steckt in meinem Rucksack und den hat Ibrahim. Und obwohl in meiner Brust die Panik zischt wie ein ganzes Sixpack angebohrter Coladosen, kann ich keine andere Geschichte finden, um mich zu beruhigen.

Mama und Papa meinten, dass mein neunter Geburtstag der allerbeste werden würde, weil es der letzte Geburtstag mit nur einer einzigen Ziffer war. Aber Mama und Papa sind im Augenblick nicht besonders gut darin, Versprechen zu halten, und so war dieser Geburtstag wie alle anderen. Sie schlossen die Bürotür hinter sich und sagten, sie würden bald wieder rauskommen. Doch sie taten es nicht. Also rief ich Rosie an.

Sie fuhr gleich los und nahm mich zum Reservoir mit, einem riesigen See, der sich so weit erstreckt, dass er fast aussieht wie der Ozean.

„Wir hätten Schwimmsachen einpacken sollen", sagte ich, als wir aus ihrem rostigen Auto ausstiegen. „Ich habe keine dabei."

„Dann musst du in deinen Unterhosen reingehen", sagte sie und stupste mich an. Aber das war nur ein Witz, denn überall standen Schilder und warnten uns, dass Schwimmen hier verboten war. Also wanderten wir am Ufer entlang.

Unterwegs beobachteten wir einen Riesenreiher, der sich in die Lüfte erhob und dabei aussah wie ein Drache.

Wir trafen eine Schar Gänse, die einander antröteten. Und es gab Stockenten und Fischreiher und auch andere Vögel, die nicht ins Wasser gehören, wie Mauersegler, Bachstelzen und Baumläufer. Ich zählte sie alle laut auf, damit ich sie mir einprägte. Später wollte ich sie ins Buch der Vögel schreiben.

Dann entdeckte ich weit draußen im Wasser etwas, das ich für einen Otter hielt, weil es anscheinend Fell hatte. Ich blieb stehen und stupste Rosie an, weil man Otter nur sehr selten zu sehen bekommt.

Ich schaute durch den Feldstecher. Das Etwas platschte mitten im Wasser herum.

„Sieht wie eine Katze aus."

„Gib mal her." Rosie schnappte sich den Feldstecher, ließ aber die Schnur weiter um meinen Hals hängen, sodass ich ein bisschen würgen musste.

„Das ist ein Kätzchen", bestätigte sie.

Auf meinem Rücken prickelte es. „Aber Kätzchen können doch nicht schwimmen, oder?"

Rosie gab keine Antwort. Sie zog ihre Schuhe und ihre Jacke aus und gab mir ihr Handy und ihre Autoschlüssel. Dann watete sie ins Wasser.

„Rosie!", zischte ich. „Du kannst doch nicht mit deinen Klamotten in den See gehen!"

„Das ist schon okay", sagte sie und setzte ihren Weg fort. „Das habe ich schon mal gemacht." Das Wasser reichte ihr jetzt bis zur Brust und ich wusste, dass es kalt war, weil sie laut aufkeuchte. „Ich bin vorsichtig, versprochen."

Sie schwamm los. Am Ufer war es ganz still, aber in meinem Kopf spielte eine Rockband, bum, bum, bum. Ich schaute mich nach irgendetwas um, womit ich sie retten könnte, wenn sie Hilfe brauchte. Doch hier gab es nirgends einen Rettungsring oder so etwas Ähnliches. Nur mich und ich bin kein besonders guter Schwimmer.

Rosie erreichte das Ding, von dem sie behauptete, es sei ein Kätzchen. Und dann spritzte ein bisschen Wasser auf, ehe sie sich auf den Rücken legte und langsam zurück Richtung Ufer trieb. Ich setzte wieder den Feldstecher an die Augen. Das Bild ruckte hin und her, weil mir die Hände zitterten, aber da war Rosie, die ein winziges Pelzknäuel auf der Brust sitzen hatte.

Sie paddelte auf dem Rücken liegend und kam nur langsam vorwärts. Ich hatte Angst wegen der Hypothermie und dem Ertrinken. Und ich fragte mich, ob es im Wasser vielleicht irgendwas gab, was sie auffressen würde, weil doch auf den Schildern stand, dass Schwimmen verboten war, und dafür musste es schließlich einen Grund geben.

Als sie das Ufer fast erreicht hatte, hob sie die Katze hoch, drehte sich um und lief aus dem Wasser. Ich musste mich beherrschen, ihr nicht entgegenzurennen.

Sie zitterte so heftig, dass ich meine Jacke um sie legte. Aber sie zog sie sich sofort von den Schultern und wickelte sie stattdessen um die Katze.

„Es ist noch ein Baby", sagte sie atemlos. „Nur ein kleines Kätzchen."

Ich schaute meine Schwester an, deren Haut blau wurde, und plötzlich war ich wütend. „Du hättest sterben können!", schrie ich.

Ihr Blick zuckte zu mir hoch und dann wieder nach unten zu dem klatschnassen, völlig erschütterten Kätzchen.

„Ich hatte nicht vor zu sterben, Dummchen", antwortete sie.

Aber ich zitterte jetzt, als ob ich auch in dem eiskalten Wasser gewesen wäre. Mir wurde klar, dass dieser Gedanke die ganzen fünf Minuten durch meinen Kopf geschwirrt war, die sie gebraucht hatte, um die Katze zu retten. Und es hatte sich schrecklich angefühlt.

„Heute ist mein Geburtstag!", brüllte ich. „Stell dir vor, du wärst an meinem Geburtstag gestorben!"

Sie nahm meine Hand. Ihre war kalt wie Eis.

„Das würde ich dir nie antun", sagte sie. „Aber wenn ich nicht ins Wasser gegangen wäre, dann wäre das Kätzchen gestorben. Damit wäre niemandem geholfen gewesen."

Sie schaute mich an und lächelte und bibberte. Und ich glaubte ihr. Ich glaubte ihr, dass sie mir das nie antun würde, denn Rosie ist immer da. Sie ist da, selbst wenn Mama und Papa es nicht sind.

Und ich dachte, das sei eine feststehende, unveränderliche Tatsache.

Vogelinfo Nr. 29

Raubvögel wie Turmfalken sieht man oft in Straßennähe am Himmel stehen.

Mit gesenktem Kopf, einen Fuß vor den anderen setzend, gehe ich weiter.

Ich denke an unsere Katze Fisch, die zu Hause ist, und frage mich, ob sie zurechtkommt, seit ich sie gestern zurückgelassen habe. Nachdem Rosie sie aus dem Wasser gezogen hatte, brachte sie Fisch zum Tierarzt. Der meinte, die Katze hätte Glück, noch am Leben zu sein. Und das würde sie einzig und allein Rosie verdanken. Wir holten sie am nächsten Tag zu uns nach Hause.

Aber Mama wollte sie nicht behalten, weil sie sauer auf Rosie war, wegen des Risikos, das sie eingegangen war.

„Tja, wenn du mit Jasper Geburtstag gefeiert hättest, wie du es versprochen hast, hätte ich gar nicht mit ihm zum Reservoir fahren müssen!", schrie Rosie sie an.

Mama setzte gerade zu einer Antwort an, als sie merkte, dass ich zuhörte. Sie senkte die Stimme. „Rosie, du weißt, dass es nicht so einfach ist. Das Geschäft wirft endlich Profit ab, und wenn wir jetzt nachlassen …"

Rosie hob Fisch auf und gab sie mir. „Hier, Jasper",

sagte sie. „Pass für mich auf Fisch auf. Zeig Mama, was es wirklich bedeutet, für jemanden da zu sein."

Und ich versprach es ihr, wenn auch ganz leise. Denn Rosies Geschrei schien Mama aus der Arbeit gerissen zu haben. Sie saß danach bloß da und starrte mich an. Stundenlang. Und dann stand sie auf und fuhr mit mir in die Stadt, um Katzenfutter, Streu und Spielzeug für Fisch zu kaufen.

Ich hole die Karte aus meiner Tasche und sehe, dass ich nur noch ein Quadrat von der Raststätte entfernt bin. Ich folge einem langen asphaltierten Weg, auf dem Leute mit Fahrrädern unterwegs sind, und verberge mein Gesicht unter meinem Hut. Immer wieder werde ich durch Tunnel unter Straßen hindurchgeführt, über die Autos brausen, die Scheinwerfer eingeschaltet, bereit für die Nacht.

Es ist spät geworden, acht Uhr. Bald geht die Sonne unter.

Mein Hals tut noch weh, weil ich Ibrahim so laut angeschrien habe. Wenn ich daran denke, wie sich die Falten in seinem Gesicht nach unten bogen, verkrampft sich mein Inneres.

Wahrscheinlich hat er mittlerweile jemanden mit einem Handy getroffen und die Polizei benachrichtigt. Ich bin nicht sauer deswegen, weil ich vermutlich auch die Polizei rufen würde, wenn jemand so gemeine Sachen zu mir sagt. Aber das heißt, dass ich mich noch mehr beeilen muss, wenn ich Rosie finden will, bevor sie mich fangen.

Es wird immer dunkler, während ich den Weg entlanglaufe. Jetzt sind keine Leute mehr da, die Fahrrad fahren oder mit Hunden spazieren gehen. Ich kann auch nicht mehr besonders weit sehen und es fühlt sich an, als ob die Welt immer enger an mich heranrückt. Es ist beängstigend, im Dunkeln an einem Ort unterwegs zu sein, den man nicht kennt. Ein Teil von mir wünscht sich, dass Ibrahim plötzlich auftaucht und den Rest des Weges mit mir geht. Aber ich bin allein, also versuche ich, an Vögel zu denken.

WAS VÖGEL BEI SONNENUNTERGANG TUN

Einige Vögel, zum Beispiel Krähen, scharen sich bei Sonnenuntergang in großer Anzahl zusammen, bevor sie sich zur Ruhe begeben. Das Schwarmverhalten von Staren sieht aus wie am Himmel wirbelnde und kreisende Bänder, wobei die Schwärme aus Tausenden von Vögeln bestehen.

Ich entdecke keine Vogelschwärme, doch nach einer Weile kann ich durch die Dunkelheit das Brausen des Straßenverkehrs hören. So, wie man dem Meeresrauschen lauschen kann, wenn man sich eine Muschel ans Ohr hält. Nur ist das hier ein Meer aus Auspuffen und ratternden Lkws und dröhnenden Motorrädern.

Auf meiner Karte ist die Autobahn eine dicke blaue Schlange, aber in Wirklichkeit ist es eine Linie aus gelbem Feuer.

Fahrzeuge schießen so schnell hin und her, dass sie nur als Schemen zu erkennen sind. Auf der Autobahn gibt es keine Straßenbeleuchtung, nur die Vorder- und

Rücklichter der Autos, die wie Flammen gelb und rot auf der Straße flackern.

Ich muss auf die andere Seite kommen. Allerdings nicht über die Straße, denn auf Autobahnen darf man nicht laufen. Selbst wenn man eine Panne hat, muss man an die Seite fahren, aussteigen und Abstand zur Fahrbahn halten, weil es so gefährlich ist.

Ich habe Glück, denn es gibt eine Brücke. Sie ist so breit, dass Autos auf ihr fahren können, aber im Moment sehe ich keine. Trotzdem bleibe ich am Rand und schaue über die Brüstung auf die Autos unter mir, die wie ohrenbetäubendes Flüstern vorbeisausen.

Am Ende der Brücke erwartet mich eine Reihe Bäume. Ich folge der Straße, bis ich an einen Kreisel gelange. Und dort, auf der gegenüberliegenden Seite, strahlend hell erleuchtet, liegt der Ort, der die ganze Zeit mein Ziel war.

Die Autobahnraststätte.

Ich bin so glücklich, dass ich laut aufschreie und dabei beinahe umfalle, weil ich so müde und wund bin. Sie sind hier, irgendwo. Rosie und die Nachtigall. Sie müssen hier sein.

Der Verkehrskreisel ist riesig, mit verbogenen Absperrungen in der Mitte. Es gibt vier Ausfahrten und überall stehen Autos mit leuchtenden Bremslichtern und eingeschalteten Blinkern. Ich suche nach dem Fußgängerüberweg und sehe die Streifen auf dem Boden, die mir anzeigen, wo ich hinüberkann. Doch kein grüner Mann ist da, um mir zu helfen.

Ich muss zwei Straßen überqueren, also warte ich darauf, dass die Ampel für die Autos auf Rot springt. Ein großer Lastwagen fährt vorbei und stößt mich mit einer mächtigen Windböe nach hinten. Wieder wäre ich beinahe umgefallen, wieder finde ich mein Gleichgewicht. Und ich warte und warte. Diese ganze Warterei macht mich nervös, weil ich zu Rosie will, aber ich muss auf mich achtgeben, so wie ich es Mama und Papa versprochen habe.

Dann sehe ich die Ampel rot werden und die Autos halten an. Ich sause schnell über die Straße, obwohl ich weiß, dass man das eigentlich nicht machen darf, weil man stolpern und hinfallen könnte. Glücklich drüben angekommen, springe ich über eine der Metallabsperrungen und bekomme dabei ölverschmierte Hände. Dann renne ich über einen kleinen Platz zur nächsten Absperrung.

Über die nächste Straße zu kommen, ist schwieriger, weil die Autos nicht einfach nur in einer langen Reihe vorbeirauschen, sondern kreuz und quer fahren und in alle möglichen Richtungen abbiegen. Erst warte ich wieder darauf, dass ihre Ampel rot wird, aber als ich eine Lücke im Verkehr bemerke, beuge ich mich vor und will loslaufen. Da schießt aus dem Nichts ein Motorrad herbei und überfährt mich beinahe.

Das Blut in meinem Körper fühlt sich heiß an und am liebsten hätte ich mich hingesetzt, doch dafür habe ich keine Zeit. Als die Ampel auf Rot springt, renne ich los, laufe über die weißen Streifen in der Mitte und ...

... schaffe es.

Vor mir ist eine große Tankstelle, wo die Lastwagen aus riesigen unterirdischen Tanks Benzin zapfen. Ich gehe schnell die Straße entlang, vorbei an Gebäuden mit Symbolen für Toiletten und Cafés und Restaurants, in denen es Pommes gibt. Ich greife in meine Taschen und taste nach dem Geld, das ich aufgespart habe, um für Rosie Pommes zu kaufen. Und in Gedanken verspreche ich ihr, dass ich genau das tun werde, sobald ich sie gefunden habe.

Neben den Häusern befindet sich ein riesiger Parkplatz mit einer Menge Autos, aber Rosies lila Wagen kann ich im Dunkeln nirgends ausmachen. Leute schlendern mit den Händen in den Hosentaschen herum. Es gibt Straßenlaternen, Mülleimer und Wohnmobile.

Ich kann mir einfach nicht vorstellen, warum eine Nachtigall ausgerechnet hier leben will statt in unserem schönen Feld hinter dem Haus. Aber dann entdecke ich eine Baumgruppe am Ende des Parkplatzes, wo kaum Menschen sind, weil es so weit weg ist. Wenn ich eine Nachtigall wäre und mich auf eine Autobahnraststätte verirrt hätte, würde ich dorthin fliegen.

Ich gehe jetzt schneller, renne fast über den Parkplatz, die Arme fest an meine Seiten gepresst, Kiefer und Fäuste verkrampft. Ich höre immer noch das Brüllen der fahrenden Autos und irgendwo geht eine Alarmanlage los. Aber ich höre keine Vögel. Es ist Nacht und die meisten Vögel schlafen um diese Zeit.

Ich umrunde einen geparkten Wagen und dann einen weiteren, der gerade anfährt, immer in Richtung der Bäume gehend. Mit gespitzten Ohren.

„Bitte sei da, bitte sei da, bitte."

Mein Fuß löst sich vom Asphalt. Und in dem Moment, in dem er das Gras berührt, höre ich sie.

Vogelinfo Nr. 30

Das Lied der Nachtigall gehört zu den schönsten Klängen auf diesem Planeten.

Die Nachtigall singt.

Sie singt und verstummt. Dann singt sie ein anderes Lied und verstummt wieder.

Ihr Gesang ist so laut, dass er in meinen Ohren vibriert. Er steigt dröhnend in den schwarzen Nachthimmel und lässt die Sterne erzittern.

Es ist der Klang, den mein Herz erzeugt und den meine Knochen singen. Und wenn man mich aufschneiden würde, würde man kleine braune Federn und eine

Brust voller Töne finden, die ich noch nicht gesungen habe.

Ich stehe auf der Wiese, als ob ich dort eingepflanzt worden wäre, schaue hinauf in die Nacht und lausche, lausche, lausche.

Als ich die Augen schließe, ist es fast, als wäre ich wieder zu Hause. Ich stelle mir vor, wie ich in dem Baum neben meiner Schwester sitze und mit den Fingern an der Rinde pule. Wir zählen die vielen unterschiedlichen Töne, die alle aus der Kehle eines einzigen Vogels kommen, in der Gewissheit, dass jede einzelne Note Tausende und Abertausende von Kilometern weit gereist ist.

Aber dann öffne ich die Augen. Obwohl es sich wie zu Hause anhört, fühlt es sich nicht so an. Denn Rosie ist nicht bei mir, um zuzuhören.

Vogelinfo Nr. 31

Der Nachwuchs der Nachtigall verbringt nur zehn bis zwölf Tage im Nest.

Die Nachtigall singt. Genau wie Rosie sagte, als wir vor zwei Wochen zusammen im Baum saßen. Sie ist hier und sie hat die Nachtigall gefunden.

„Rosie?", rufe ich.

Die Nachtigall singt.

„Rosie?", rufe ich wieder.

Die Nachtigall singt weiter.

Ich schaue mich um, wieder und wieder. Suche nach Rosies lila Auto auf dem Parkplatz. Nach ihren Augen, die mir aus dem Gebüsch entgegenleuchten, hell funkelnd. Nach ihrem Finger an den Lippen, der mir sagen will, ich solle nicht so töricht sein und lieber die Klappe halten, damit ich zusammen mit ihr zuhören kann.

Ich atme und atme. Doch die Luft gelangt nicht bis in meine Lunge und ich schwebe ins Nichts. Hoch und immer höher.

Ich schüttele den Kopf und stolpere vorwärts, bleibe an heruntergefallenen Zweigen hängen. Springe über einen Ast, dann noch einen, auf meiner hektischen Suche zwischen den Bäumen.

„Rosie!", schreie ich laut.

Die Schatten greifen jetzt in meine Brust und krallen ihre Finger um meine Rippen. Es fühlt sich schlimmer an als jedes Seitenstechen, das ich je beim Fußball hatte, oder als die Angst, ich könnte auf dieser Reise erwischt werden.

„Du hast es versprochen. Du hast es versprochen." Ich drehe mich im Kreis. „Ich bin den ganzen Weg hierhergelaufen, weil ich dich finden wollte. So, wie ich Buster und den Vogelring und den Fußball gefunden habe. Und ich habe alles getan, was ich tun konnte, Rosie, ehrlich. Komm raus aus deinem Versteck!"

Das Echo meiner Stimme wird von den Bäumen zu mir

zurückgeworfen, als ob ich derjenige wäre, der verloren gegangen ist.

Meine Pfeife nutzt mir nichts und niemand legt mir Trittsteine aus, um zu Rosie hinüberzuspringen. Ich kann Rosie nicht entdecken: weder, als ich mich niederkauere, um unter den Büschen nachzusehen, noch, als ich versuche, auf einen Baum zu klettern und sie in der Krone zu suchen.

Ich renne, stolpere, renne weiter, berühre Bäume, schaue hoch und runter, nach rechts und links und schreie immer wieder Rosies Namen, aber nichts kann sie hervorlocken. Ich habe meine Karte irgendwo fallen lassen und jetzt bin ich tatsächlich verloren, genau wie sie. Und ich frage mich, ob sie dort, wo sie gerade feststeckt, auch diese Dunkelheit sieht.

„Bitte", sage ich, doch jetzt flüstere ich bloß noch. „Das hier ist der bessere Ort. Hier bei mir, an meiner Seite, ist der bessere Ort."

Meine Knie prallen auf dem Boden auf, der sich weich und nass anfühlt, aber das finde ich besser als dieses ganz schlimme Gefühl. Ich drücke meine Hand in das Gras und bohre meine Finger fest in die Erde.

Ich höre die Nachtigall singen. Aber niemand antwortet ihr.

Vogelinfo Nr. 32

Wenn man Nachtigallen in Käfige sperrt, sterben sie oft vor lauter Verzweiflung, ihrem Wandertrieb nicht nachkommen zu können.

Jemand ruft meinen Namen.

„Jasper!"

Es klingt weit entfernt, aber vielleicht liegt das daran, dass ich mit einem Ohr im Schlamm liege.

„Rosie?", sage ich und hebe den Kopf.

„Jasper!"

„Rosie!"

Ich rappele mich auf und folge dem Ruf. In der Ferne, bei der Raststätte, sehe ich blau blinkende Lichter und …

Ich bleibe stehen und halte mich an einem Baum fest, um nicht wieder umzufallen.

„Jasper! Wo bist du?"

Es ist nicht Rosie, die nach mir ruft. Jetzt, da ich sie sehe, erkenne ich ihre Stimme.

Es ist Mama.

Sie hat die Arme um ihre Körpermitte geschlungen und die Strickjacke verkehrt herum angezogen. Papa steht etwas abseits, mit ein paar Polizisten, zu denen auch die blauen Blinklichter gehören, die zwischen den Bäumen durchblitzen. Und die Angst auf den Gesichtern meiner Eltern sieht echt aus, genau wie es in dem Artikel gestanden hat.

Aber das heißt, dass noch etwas anderes aus dem Artikel wahr ist. Und diese Wahrheit kreist unter mir wie ein Hai mit riesigen Zähnen, der nur darauf wartet zuzubeißen. Ich fürchte mich.

Ich klammere mich noch fester an den Baum. Ich drücke meinen Kopf gegen den Stamm, als ob ich mich in Holz verwandeln könnte, damit ich nicht hören muss, dass etwas Tragisches passiert ist.

„Jasper?!", ruft Mama und ich weiß, dass sie mich entdeckt hat. Doch ich will sie nicht ansehen. „Carl! Carl, er ist hier! Jasper ist hier!"

Beide kommen angerannt, zusammen mit den Polizisten in ihren schweren schwarzen Stiefeln. Und Mama weint. Ich glaube nicht, dass ich sie je weinen gesehen habe. Ich fürchte mich immer mehr.

„Jasper", sagt Mama. Ihre Stimme hat große Risse, in die ich nicht hineinfallen will. Sie streckt ihre Hände aus, aber mir ist das alles zu viel. Ich lasse den Baum los und mache einen Schritt rückwärts.

Mama hält inne. Genau wie Papa.

Wir schauen einander bloß an und all die Worte, die wir nicht sagen, fliegen um uns herum. Und immer noch singt die Nachtigall.

Ich mache den Mund auf. Und ich frage mich, ob meine Worte einen Vogel dazu bringen können, für immer mit dem Singen aufzuhören.

„Wo ist der bessere Ort?"

Mama greift nach Papa, als ob sie stürzen würde, aber er sieht auch nicht so aus, als wäre er besonders sicher auf den Beinen.

„Wo ist Rosie?!", frage ich mit noch lauterer Stimme.

Aber sie müssen nicht antworten. Es steht ihnen auf den Leib geschrieben, von oben bis unten, in riesengroßen Buchstaben.

„Jasper, wir dachten, du hättest es verstanden", antwortet Papa. „Wir dachten ..." Er schluckt. Und dann kauert er sich nieder und nimmt meine Hand. Und er sagt es. Diesmal richtig. „Jasper, es tut mir so leid. Rosie ist letzte Woche gestorben. Sie ist tot."

Seine Stimme bricht.

Und ich frage mich, was genau ihm leidtut. Dass er meine Geburtstage verpasst hat, weil er arbeiten musste? Dass er mir nicht zugehört hat?

Oder dass meine Schwester Rosie tot ist?

Der Hai unter mir springt hoch und will zuschnappen und ich tue das Einzige, was mir angesichts dieser scharfen und mörderischen Zähne einfällt.

Wegrennen.

Vogelinfo Nr. 33

Die Nachtigall gehört zu den gefährdeten Vogelarten.

Die Bäume sind Ungeheuer.

Früher waren sie mir und den Vögeln ein Zuhause, aber jetzt sehe ich, dass ihre Zweige Klauen haben. Sie greifen nach mir, reißen an mir, versuchen, mich mit ihren Wurzeln zu Fall zu bringen.

Die Polizisten verfolgen mich, doch sie wissen nicht, wohin ich laufe, weil ich es ja selbst nicht weiß. Ich will bloß weg von diesen Worten und offensichtlich gewinne ich, denn ich lasse die Bäume hinter mir. Vor mir ist ein Zaun. Ich renne so fest dagegen, dass ich zurückpralle.

Hinter dem Zaun liegt die Autobahn. Die Autos brüllen lauter als Löwen und jedes einzelne Brüllen will mir weismachen, dass ich nicht auf die andere Seite kann.

Aber ich kann alles. Ich bin bis hierher gekommen.

Ich stelle meinen Fuß auf die unterste Zaunlatte und ziehe mich hoch.

„Deine Nachtigall ist sehr laut."

Das sagt jemand direkt neben mir und ich wirbele herum. Wieder wäre ich beinahe hingefallen. Es ist Ibrahim. Er lehnt am Zaun, als ob er auf mich gewartet hätte.

Ich schlucke. „Die Nachtigall gehört zu den lautesten Vögeln überhaupt", erkläre ich mit zitternder Stimme. „Sie singt besonders laut, wenn ringsum Lärm herrscht, der ihr Lied übertönt. Wie zum Beispiel der Krach einer Autobahn. Ich habe gelesen, Nachtigallen können so laut sein wie eine Kettensäge."

Ibrahim kommt näher, legt seine Arme auf einer Zaunlatte ab und betrachtet den Schwarm Autos, der vorbeizieht. „Es ist ein sehr schönes Lied", sagt er. „Ich verstehe jetzt, warum du so weit gelaufen bist, um es zu hören."

Ich fühle die Tränen wie Nadeln hinter meinen Augen. „Ich bin wegen ihr hergekommen. Um sie zu finden. Aber sie ist nicht …"

Es ist dunkel um uns herum.

„Nicht alle verlorenen Dinge werden auf dieselbe Weise gefunden, weißt du", meint Ibrahim. „Was das Auge nicht mehr sieht, lebt doch im Herzen fort." Und dabei legt er seine Hand auf sein Herz, was gar keinen Sinn ergibt, weil man damit weder sehen noch hören oder fühlen oder schmecken kann.

Ich wische mir mit dem Handrücken über die Augen. „Was ist das, Ibrahim? Das in deiner Brusttasche."

Er erstarrt. Doch dann zieht er das Stück Papier langsam heraus, schaut es einen Moment lang still an und dreht es dann um, sodass ich es – so gut ich im Dunkeln vermag – sehen kann.

Es ist ein Foto. Ich weiß, dass es alt ist, weil es keine Farben hat, nur Schwarz und Weiß. Darauf ist ein Mann in einem hellen Hemd abgebildet, vermutlich Ibrahim, als er so alt war wie mein Papa. Er steht neben einer Frau mit langen dunklen Haaren und einem breiten Lächeln. Beide haben Gitarren in den Händen und sehen so aus, als würde ihnen die ganze Welt gehören.

„Meine Frau", sagt er und fährt mit den Fingern über ihr Gesicht. „Leyla. Ihr Seelenvogel ist vor sieben Jahren weggeflogen."

Ich erinnere mich, dass er das schon einmal sagte, als die Biene auf meinem Finger starb.

„Das tut mir leid, Ibrahim", sage ich und ich meine es auch so. Mir ist, als wären meine Knochen mit Trauer gefüllt und meine Rippen würden gleich zerbrechen, weil so viel Gewicht auf ihnen lastet. Ich packe den Zaun mit beiden Händen. „Rosie. Ihr Seelenvogel ..."

Ibrahim nickt. „Seelenvögel fliegen davon. Aber die Menschen, die wir lieben, bleiben immer bei uns."

Er tippt sich wieder an die Brust und ich weiß nicht, ob er mit dieser Geste sein Herz meint oder das Foto seiner Frau oder ob beides dasselbe ist. Ich klammere mich mit der letzten Kraft, die ich noch habe, an den Holzzaun.

Die Nachtigall singt immer noch, aber jetzt will ich, dass sie aufhört. Denn es ist seltsam, dass etwas so Gutes passieren kann, wenn gleichzeitig etwas so Schlimmes passiert.

„Es tut mir wirklich leid, dass ich Ihnen nicht helfen konnte zu finden, was Sie verloren haben, Ibrahim", flüstere ich.

Er drückt meine Schulter. „Aber das hast du doch, Jasper."

Ich will erwidern, dass ich ihm überhaupt nicht geholfen habe und dass ich bereue, so gemein zu ihm gewesen zu sein. Doch meine Kehle ist wie zugeschnürt. Er lässt seine Hand auf meiner Schulter liegen und ich habe das Gefühl, dass er mir dadurch Halt gibt. Vielleicht ist es das, was Freunde tun.

Ibrahim reicht mir meinen Rucksack. „Wir sollten jetzt zurück zu deinen Eltern gehen. Sie machen sich Sorgen um dich."

Ich spüre die Kanten des Buchs der Vögel in meinem Rucksack und nicke.

Es ist schön, dass Ibrahim neben mir geht. Denn es gibt ein paar Dinge, die man vermutlich nicht allein machen kann, selbst wenn man so sehr daran gewöhnt ist, auf sich selbst gestellt zu sein, wie ich es bin.

Vogelinfo Nr. 34

Nachtigallen gelten als Symbol für die Liebe.

Auf uns warten jede Menge Polizisten und sogar ein Krankenwagen. Zuerst denke ich, dass die Polizei mich verhaften will, weil ich so viel Ärger verursacht habe. Doch das stimmt gar nicht. Sie wollen bloß sicher sein, dass es mir gut geht, und stellen Ibrahim etliche Fragen. Dann geben sie über ihr Funkgerät durch, dass die Suche nach Jasper Wilde beendet ist. Die Leute aus dem Krankenwagen untersuchen mich, aber außer meinen wunden Füßen und meinem wunden Herzen fehlt mir nichts.

Eine Polizistin steigt zu meinen Eltern ins Auto. Ich will

nicht mit ihnen fahren, tue es aber trotzdem, weil ich so müde bin.

Ich will auch nicht, dass Mama bei mir hinten auf der Rückbank sitzt und meine Hand hält, doch ich sage nichts, weil sie so verängstigt aussieht. Papa ebenso. Seine Augen blicken mir im Rückspiegel groß entgegen, man sieht ganz viel vom Weißen. Ich glaube nicht, dass er richtig auf die Straße achtet.

Wir brauchen nicht einmal eine Stunde für die Heimfahrt. Ich schaue die meiste Zeit aus dem Fenster und versuche mich an den Weg zu erinnern, den ich gegangen bin. Aber im Dunkeln sieht alles anders aus. Nur kurz erkenne ich einen Fasan im Gebüsch, der zu mir guckt, als ob er sich vergewissern wollte, dass es mir gut geht.

Ich glaube nicht, dass es mir gut geht. Ich habe einen weiten Weg zurückgelegt, um meine Schwester zu finden, aber sie war nicht da. Und jetzt ist sie tot, was bedeutet, dass sie nie wieder da sein wird. Und das ist der schlimmste Gedanke, den ich je hatte. Ich sollte eigentlich in Panik geraten, weil ich mir doch ständig über viel geringere Probleme Sorgen mache, aber die Traurigkeit hat meine Panik vorläufig verdrängt. Ich sitze bloß mit dem Kopf an die Fensterscheibe gelehnt da und schaue zu, wie die verschwommenen Lichter an mir vorbeiziehen und die Schatten ins Auto kriechen.

Als wir ankommen, wollen sich Papa und die Polizistin hinsetzen und mit mir reden, doch ich will nicht. Ich gehe nach oben in mein Zimmer. Fisch läuft mir hinterher, aber ich mache die Tür zu, sodass sie nicht reinkann.

Ich putze mir nicht die Zähne und ziehe auch keinen Schlafanzug an, lese nicht einmal mehr im Buch der Vögel. Ich lege mich einfach ins Bett und schlafe.

Vogelinfo Nr. 35
Kein Vogel ist ganz und gar still.

Ich wache auf und habe alles vergessen. Die Sonne scheint und wirft ihre Strahlen auf mein Kopfkissen. Mein erster Gedanke ist, dass Rosie vielleicht heute zu Besuch kommt. Aber dann erinnere ich mich daran, dass sie nicht kommen kann. Plötzlich ist mir, als hätte mich jemand in den Bauch gestochen.

Ich will Rosie anrufen und sie bitten, mir wieder eine Schwalbe auf die Hand zu malen, damit die Traurigkeit weggeht. Doch als ich ihre Nummer wähle, geht nur der Anrufbeantworter ran. Ich habe das Gefühl, auf einer Klippe zu stehen, die gleich abbricht. Und wenn ich falle, werde ich von einem schwarzen Ozean verschluckt.

Ich gehe nach unten. Mama sitzt auf dem Sofa und starrt ins Leere. Papa umarmt sie ganz fest, aber sie lösen sich voneinander, als sie mich sehen, und machen in ihrer Mitte Platz für mich. Ich setze mich nicht, sondern bleibe im Türrahmen stehen und suche Halt.

„Warum habt ihr mir nicht zugehört?", frage ich.

Mama fummelt an den Knöpfen ihrer Strickjacke herum, was ich nervig finde. Ich wünschte, sie würde damit aufhören. „Ich weiß, Jasper. Wir hätten für dich da sein müssen, das erkennen wir jetzt. Und es tut uns so leid, Liebling. Dein Vater und ich waren durcheinander und irgendwie dachten wir, wenn wir uns mit den Vorbereitungen für die Beerdigung ablenken, dann …"

„Ihr habt mir gesagt, sie sei an einem besseren Ort. Das habt ihr gesagt, aber jetzt ist sie für immer weg und ich wünschte, ihr wärt es. Ich wünschte, ihr wärt weg, nicht sie!"

Ich schreie jetzt, obwohl ich nicht weiß, warum, aber ich bin so wütend. Meine Haut steht in Flammen und am liebsten würde ich alles kurz und klein schlagen, doch ich rühre mich nicht. Ich halte mich nur am Türrahmen fest und zittere wie ein Erdbeben. Mama sieht allerdings aus, als hätte ich wirklich alles zerschlagen und sie damit abgeworfen. Ihr Gesicht fällt in sich zusammen.

„Rosie hatte recht. Rosie hat immer behauptet, dass ihr nie da seid und nie zuhört, und sie hatte recht damit. Das stimmt nämlich. Und es ist alles eure Schuld!"

Papa steht auf und kommt mit schnellen Schritten auf mich zu. Ich denke, dass er mir die Tür vor der Nase zuschlagen wird, doch das tut er nicht.

Er nimmt mich in den Arm und hält mich. Ganz fest.

Ich trete um mich und schlage ihn, trommele mit meinen Fäusten auf seinen Rücken und sage Nein Nein Nein Nein. Er hält mich trotzdem fest und lässt mich nicht los, um im Arbeitszimmer zu verschwinden. Sein Körper fühlt sich so stark an, er könnte bestimmt einen Bergrutsch aufhalten.

„Das reicht jetzt, Jasper."

Ich höre auf, ihm wehzutun, und lasse mich von ihm zum Sofa tragen.

„Wir haben uns solche Sorgen um dich gemacht", meint er. „Wir dachten, wir hätten dir erklärt, was passiert ist. Aber das haben wir nicht. Wir wollten dich nicht verletzen, mein Junge. Was zu sagen war ... war auch für uns schwer. Jetzt wissen wir, dass wir dir letztendlich mit unserem Schweigen nur noch mehr Schmerzen zugefügt haben, und das tut uns wirklich leid. Wir hätten dir die Wahrheit sagen sollen."

Er hält mich immer noch fest.

„Nachdem wir deinen Zettel gelesen hatten, haben wir jeden angerufen, den wir kennen. Und die Polizei hat eine Vermisstenmeldung herausgegeben. Richtig viele Leute haben sich gemeldet und berichtet, dass sie dich gesehen haben – im Bus, auf einer Kuhweide und sogar in einer Gartenhütte! Wir wussten nicht, was wir glauben sollten, weil es ein so weiter Fußweg war, den du da ganz allein zurückgelegt haben solltest."

Ich möchte ihnen erzählen, dass ich es geschafft habe. Ganz allein, ohne sie. Aber ich sage etwas anderes.

„Wie ist es passiert?"

Einen Moment lang erwidert Papa nichts und ich kann fast hören, wie ihm der Boden unter den Füßen weggezogen wird. Und obwohl ich immer noch sauer bin, freue ich mich, dass er mich festhält.

„Es ... es war ein Autounfall, Jasper. Es tut mir leid."

Und dann verrät er mir die Wahrheit. Er erklärt mir, dass meine Rosie in ihrem Wagen gestorben ist, inmitten ihrer fedrigen Polster und der Sonnenschein-Musik. Sie ist auf dem Heimweg gewesen. Zu mir, um mich abzuholen, weil wir zusammen die Nachtigall suchen wollten. Wie sie es versprochen hatte. Es gab einen Unfall und sie ist gestorben, einfach so.

Ich dachte, sie wäre vielleicht im Reservoir ertrunken, weil sie wieder einmal ein Kätzchen aus dem Wasser fischen wollte. Oder sie wäre gestürzt, als sie auf ein Hausdach geklettert ist, wie sie es eben tut. Ein Autounfall ist nichts, was Rosie hätte umbringen sollen. Sie wollte die Welt retten und stattdessen hat die Welt sie uns weggenommen. Und das ist nicht gerecht.

Ich schreie es Mama und Papa entgegen, die mich einfach weiter in den Armen halten. Sie versuchen nicht, mir einzureden, dass alles gut ist, denn das ist es nicht.

Ich bin in einem kalten schwarzen Ozean. Aber statt zu ertrinken, werde ich von Händen nach oben gezogen, wo ich Luft holen kann.

Und ich versuche mich zu erinnern, wie man atmet.

Vogelinfo Nr. 36

Schwanzmeisen sind beim Bau ihrer Nester auf die Hilfe von Spinnen angewiesen.

Ganz viele Leute wollen mit mir reden, Leute von der Zeitung und von der Schule, aber ich will mich mit niemandem unterhalten.

Die Polizistin, die uns nach Hause begleitet hat, kommt am Dienstagmorgen wieder und bittet mich um ein Gespräch unter vier Augen an unserem Küchentisch.

Sie hat keine Uniform an wie die Polizisten im Supermarkt. Sie trägt stattdessen eine Bluse mit Federmuster und ihre Haare sind zu einem ordentlichen Nest auf ihrem Kopf festgesteckt. Sie heißt Avery und sie lässt mich einfach reden, hauptsächlich über Volieren, in denen Vögel in Zoos gehalten werden. Ich erzähle ihr alles, was ich über diese großen Käfige weiß, und noch ein bisschen mehr über Vögel. Sie hört mir zu, bevor sie mich schließlich nach meiner Wanderung fragt.

Ich komme mir dumm vor, als ich ihr erkläre, dass ich dachte, Rosie würde am Ende des Weges zusammen mit der Nachtigall auf mich warten. Denn jetzt weiß ich, dass das unmöglich war. Vielleicht wusste ich das die ganze Zeit schon, irgendwie. Aber Avery sagt, dass es manchmal, wenn etwas Schlimmes passiert ist, eine Weile dauern kann, bis man das verarbeitet hat. Ich wollte einfach unbedingt, dass es Rosie gut geht, und dachte deshalb, ich könnte es wahr machen.

Ich hatte Angst, dass Avery mich anschreit, weil ich allein losgelaufen bin. Doch das tut sie nicht. Sie freut sich über alles, was ich unterwegs richtig gemacht habe. Zum Beispiel niemals über eine Straße zu gehen, ohne vorher nach links und rechts zu schauen, und Vorräte und Wasser mitzunehmen. Sie freut sich weniger darüber, dass ich mit Fremden gesprochen habe. Und sie meint, dass ich beim nächsten Mal, wenn ich auf eine Wanderung gehen will, einem Erwachsenen Bescheid sagen und jemanden mitnehmen soll, der auf mich aufpasst, weil es ansonsten sehr gefährlich werden kann.

Ich verspreche es ihr. Und ich entschuldige mich noch einmal dafür, dass ich so vielen Leuten Sorgen bereitet habe. Das war nicht meine Absicht.

Sie schaut mich an. Ihre Augen sind kieferngrün. „Es ist nicht deine Schuld, Jasper. Nichts davon ist deine Schuld. Das darfst du nicht vergessen, hörst du? Das ist sehr wichtig."

Es ist genau, wie Ibrahim erklärt hat. Die Wahrheit zu sagen, erfordert sehr viel Mut. Und ich werde mein Bestes tun, um das nächste Mal mutig genug für meine eigene Wahrheit zu sein.

Nach meinem Gespräch mit Avery gehe ich nach draußen und sehe Papa in Rosies Beobachtungshäuschen sitzen, den Kopf in die Hände gestützt.

Ich will mir die Nägel ansehen, die Rosie schief und krumm in das Holz gehämmert hat, aber mit Papa in dem Unterstand ist die Luft so dick wie Karamell.

Ich will mich davonschleichen, doch er hört mich. „Jasper?", sagt er und schaut hoch. „Setz dich."

Er rutscht ein Stück auf der Bank zur Seite, obwohl schon vorher mehr als genug Platz war. Ich bleibe im Eingang stehen und überlege, ob ich mich von Papas grauem Gesicht und seinen müden Augen abwenden und wegrennen soll.

„Bitte", fügt er hinzu.

Ich schiebe mich in das Häuschen und setze mich ganz langsam hin.

In dem Unterstand riecht es nach heißer Sonne und wir hören die Fliegen in den Schatten summen. Rundherum ist der Garten grün, frisch und lebendig. Der Meisenknödel, den Rosie in ein Vogelhaus in der Mitte des überwucherten Rasens gehängt hat, dreht sich langsam in der Brise. Wir sehen ein Rotkehlchen zu einem Ast in der Nähe flattern. Nachdem es sich vergewissert hat, dass die Luft rein ist, fliegt es schnell hinüber, um sich etwas Futter zu stibitzen.

„Erzähl mir von den Vögeln", sagt Papa mit leiser Stimme.

Ich schaue ihn an. „Du wolltest doch früher von Vögeln nichts wissen. Du hast nie zugehört."

Er macht den Mund auf und dann wieder zu. „Wusstest du, dass die Sache mit den Müsliriegeln Rosies Idee war?", fragt er.

Ich schüttele den Kopf.

„So war es aber", erinnert er sich. „Ich dachte, es würde schön werden – eine Möglichkeit, wie wir als Familie zusammenarbeiten könnten. Aber irgendwann hatte sie keine Lust mehr, mit ihrem alten Vater Riegel zu entwerfen, und interessierte sich nur noch für die Natur. Und dann ging es bloß noch um Füchse und Vögel und das alles. Vierundzwanzig Stunden am Tag, sieben Tage in der Woche, von morgens bis abends. Dich hat sie auch angesteckt und du wurdest wie sie. Und ich ..." Er reibt sich über das Gesicht. „Du hast recht, Jasper. Ich hätte nicht ständig erwarten sollen, dass sie mir zuhört. Stattdessen hätte ich ihr zuhören sollen. Und dir."

Er verstummt und die klebrige Stille kehrt zurück. Das Atmen fällt mir schwer. Ich pule an der Fingerspitze, wo mich die Biene gestochen hat. Man sieht nichts mehr, obwohl es damals sehr wehgetan hat, und ich frage mich, ob es mit jedem Schmerz so ist. Die Panik flattert in meiner Brust hoch und ich nehme tiefe, lange Atemzüge, um sie wieder nach unten zu drücken. Aber ich vergesse zu zählen und es wird nur noch schlimmer.

Papa nimmt meine Hand und drückt sie.

„Die Vögel, Jasper. Erzähle mir von den Vögeln."

„Rotkehlchen", keuche ich. „Rotkehlchen singen nachts

manchmal neben Straßenlaternen. Ihre Lieder variieren je nach Jahreszeit. Sie gehören zu den ersten Vögeln am Morgen und zu den letzten, die abends mit ihrem Gesang aufhören."

Meine Atmung beruhigt sich, während ich rede, bis es mir schließlich wieder gut geht. Ich stehe auf und will Papa in Ruhe lassen, aber er hält meine Hand weiter fest.

„Bleib doch", sagt er und betrachtet die Vögel, die sich jetzt um das Futterhaus scharen. „Ich höre zu."

Vogelinfo Nr. 37

Amseln benutzen in der Regel nicht mehr als ein Mal dasselbe Nest.

Seit das alles passiert ist, habe ich nicht mehr ins Buch der Vögel geschaut. Aber heute ist Donnerstag und Mama meint, ich müsse morgen wieder in die Schule gehen. Ich spüre die Panik.

Früher hat das Buch mich von meinen Ängsten abgelenkt, doch im Moment gerate ich irgendwie ständig in Panik und ich befürchte, dass es nur noch schlimmer wird, wenn ich etwas über Rosie lese.

Ich habe eben die Münzen in meiner Tasche gefunden, die ich aufgespart hatte, um ihr Pommes kaufen zu können. Und plötzlich vermisse ich sie so sehr, dass ich das Gefühl habe zu explodieren. Also setze ich mich auf mein Bett, ziehe die Knie an und lege das Buch auf meine Oberschenkel. Dann atme ich tief durch, schlage die erste Seite auf und lege los.

Ich lese über die unterschiedlichsten Vögel und wie Rosie mir geholfen hat, sie zu finden. Ich lese über die Dinge, die sie mir beigebracht hat, und über all das, was sie tat und wahrscheinlich nicht hätte tun sollen. Ich lese und es ist, als ob Rosie neben mir sitzt und mitliest, denn es ist unser gemeinsames Buch. Und es ist immer noch lebendig, obwohl sie es nicht mehr ist.

Als ich mit Lesen fertig bin, sind immer noch jede Menge leerer Seiten übrig, die darauf warten, dass wir sie mit neuen Abenteuern füllen. Aber es gibt keine Abenteuer mehr, denn Rosie ist fort und die Geschichte ist aus.

Der letzte Eintrag in dem Buch handelt von der toten Krähe, die Rosie am Straßenrand gefunden hat. Irgendwie ist das kein passender Schluss. Dann sind da noch die Worte, die Rosie selbst schrieb, in Erwartung einer neuen Geschichte. Aber in Wahrheit war es bereits das Ende.

Rosies und Jaspers Suche nach der Nachtigall
NÄCHSTES WOCHENENDE

Ich kann nichts von dem aufschreiben, was ich während meiner Reise erlebt habe, weil das unser gemeinsames Buch ist. Auch wenn ich die Nachtigall fand und Rosie mir dabei half, obwohl sie gar nicht da war, fühlt es sich nicht richtig an.

Ich hole die Münzen aus meiner Tasche und betrachte sie. Wie fünf kleine Punkte von Satzenden liegen sie auf meiner Handfläche. Ich klebe sie mit Tesafilm in einem Kreis in unser Buch. Und ich denke lange darüber nach, was ich danebenschreiben soll, aber kein einziges Wort kommt mir richtig vor. Also male ich nur eine Schwalbe hin, wie die, die sie mir auf die Hand gezeichnet hat. Und ich hoffe, dass wir uns eines Tages wiederfinden und ich mein Versprechen halten und ihr Pommes kaufen kann.

Vogelinfo Nr. 38

Es ist noch nicht zu spät, etwas zum Schutz der Nachtigall zu tun.

In einem Jahr kann viel passieren. Ich kann zehn werden, obwohl Rosie nicht mehr älter wird, was komisch ist. Und ich kann ein neues Buch anfangen, weil ich die leeren Seiten im Buch der Vögel nicht allein ausfüllen will. Ich hoffe, Rosie liest das neue Buch. Es ist schön, wieder mit ihr reden zu können.

Jahre können gut oder schlecht sein, aber meistens ist es eine Mischung aus beidem. Und so war es auch mit dem ersten Jahr ohne Rosie.

Wieder in die Schule zu gehen, war am Anfang echt schwer, weil jeder über Rosie und meine Suche nach ihr

Bescheid wusste. Miss Li war sehr nett zu mir und auch mit den meisten anderen Lehrern konnte ich über alles sprechen oder im Unterricht einfach nur still sein, ganz wie ich wollte. Das Beste war, als Gan letzten Juni umzog und plötzlich als „der Neue" bei mir in der Klasse auftauchte.

Als wir uns sahen, rannten wir aufeinander zu und umarmten einander stürmisch. Alle anderen in der Klasse machten große Augen. Sie hatten keine Ahnung, was los war. Gan hat sich ganz oft entschuldigt, weil er seiner Mama doch erzählt hatte, dass ich bei ihm im Garten gewesen war. Er meinte, er hätte sich Sorgen um mich gemacht und mir nur helfen wollten. Ich erklärte ihm, dass er das Richtige getan und außerdem recht gehabt hatte, als er sagte, dass es manchmal besser ist, die Wahrheit über eine Sache zu wissen. Selbst wenn es um einen kaputten Fußball geht oder um eine Schwester, die bei einem Autounfall starb.

Gan saß im Unterricht immer neben mir und half mir jedes Mal, wenn ich in Panik geriet oder besonders traurig wurde, was manchmal aus heiterem Himmel passierte. Ab und zu passierte es auch Gan und es war ein schönes Gefühl, dass ich umgekehrt auch für ihn da sein konnte. Wir spielten Fußball mit den anderen in unserer

Klasse und es stellte sich heraus, dass die meisten von ihnen auch richtig gut im Helfen sind, wenn ich sie nur lasse. Wir haben jetzt ziemlich viele Freunde, aber Gan ist mein bester Freund. Irgendwie glaube ich, dass wir unter unserer Haut die gleichen Federn haben.

Im nächsten Jahr kommen Gan und ich in die Sekundarstufe. Das macht uns beiden Angst, doch wir wissen, dass Lulu da sein und ein Auge auf uns haben wird. Manchmal treffen wir sie, wenn wir von der Schule nach Hause gehen. Dann begleitet sie uns und erzählt von Busters jüngsten Ausreißversuchen.

Lulu und ihre Oma haben Meg ausfindig gemacht, die daraufhin mich, Mama und Papa zum Kaffee auf ihren Bauernhof eingeladen hat. Sie hat mir ihre neuen Wellensittiche vorgestellt, die sie Dohlie und Jasper genannt hat, nach der Dohle und mir. Der Wellensittich namens Jasper ist gelb und grün und saß auf meiner Schulter, als wäre ich ein Pirat. Ich habe mich umgedreht, um mit Rosie darüber zu lachen, und erst dann gemerkt, dass sie gar nicht da war. Aber Mama war da. Und obwohl ich eigentlich aufgewühlt war, hat mich Mama mit ihren Piratengrimassen und unsichtbaren Kanonenschüssen zum Lachen gebracht.

Und noch etwas ist neu, nämlich Mel. Mel ist in Rosies

Alter, aber sie ist ganz anders. Sie fährt Fahrrad und hat einen Ring in ihrer Nase. Und sie kann mit der Natur nicht viel anfangen. Rosie hätte sie wahrscheinlich nicht besonders gemocht, um ehrlich zu sein, aber ich mag sie. Mel ist die neue Assistentin meiner Eltern. Sie kommt jeden Tag zu uns, wenn ich in der Schule bin, und hilft meinen Eltern bei der Arbeit mit den Müsliriegeln. Und wenn sie nicht mehr da ist, schließen sie die Tür zum Arbeitszimmer von außen ab und geben mir den Schlüssel. Das ganze Jahr über sind sie immer pünktlich gewesen, wenn wir irgendwo hinfahren wollten, und haben mir jeden Tag Abendessen gekocht. Ich habe ständig darauf gewartet, dass sie mich wieder im Stich lassen, aber das ist nicht passiert. Kein einziges Mal.

Und dann ist da noch Ibrahim. Er besucht uns oft zum Abendessen und sein Gesicht ziert sogar den neuesten Müsliriegel. Es stellte sich heraus, dass Mama, Papa und Ibrahim eine Menge gemeinsamer Interessen haben, wie zum Beispiel Musik und Kochen, und Ibrahim ist wahrscheinlich auch ihr Freund geworden. Er hat sogar Papa dazu überredet, den Dunton-Mayfield-Junior-Wanderfreunden beizutreten, sodass sie nun zusammen hinter der Gruppe herlaufen und dafür sorgen, dass niemand zurückbleibt.

Manchmal schließe ich mich den Wanderfreunden an, aber meistens gehe ich nur allein mit Ibrahim. Er hat mir gezeigt, dass es praktisch ist, zwei Paar Socken übereinander zu ziehen, wenn man wandert, weil man so weniger Blasen an den Füßen bekommt. Und ich habe ihm ganz viel über Vögel beigebracht. Wir hören ihnen zu und er singt ihnen vor und sie singen zurück. Wenn ich mit Ibrahim unterwegs bin, lasse ich die Traurigkeit für eine Weile hinter mir. Und ich fühle mich frei, als ob mir ein schwerer Rucksack abgenommen wird.

Es ist jetzt wieder Mai geworden. Das zweite Schulhalbjahr hat angefangen, es war Weihnachten und wir haben Geburtstage gefeiert, alles ohne Rosie. Aber vor dieser Zeit des Jahres hatte ich die meiste Angst, mehr als vor allen anderen zusammen.

Es ist wieder Zeit für das Lied der Nachtigall.

Mama und Papa haben einen Plan. Sie haben meine Oma und Ibrahim eingeladen (er gehört nämlich mittlerweile auch zu unserer Familie), um auf dem Feld hinter unserem Haus eine Gedenkfeier für Rosie abzuhalten. Mama hält meine Hand und wir alle gehen zusammen durch die Hintertür nach draußen. Die Lampen wurden ausgeschaltet und wir haben Campingstühle dabei. Wir laufen im Gänsemarsch, Fisch vorneweg und Ibrahim am Ende. Leise lachend hilft er meiner Oma über die holprige Erde, durch den Garten und dann hinaus auf das Feld zu dem großen Baum.

Das Licht verschwindet aus dem Himmel, als ob jemand den Stecker gezogen hätte, und die Vögel singen ihr Schlaflied. Es riecht nach Regen und Wassertropfen zittern an den Grashalmen und den Büschen.

Wir bilden einen Kreis, nehmen auf den Stühlen Platz und kuscheln uns in Decken. Fisch streckt sich und schläft auf Omas Schoß ein. Papa hält eine Rede, die nicht besonders gut ist, weil er ständig weinen muss. Doch ich glaube, alle haben ihn verstanden. Er erzählt die Geschichte von dem Tag, als Rosie ihn und mich vor dem Bullen auf der Weide gewarnt hat. Er erzählt auch, wie sie Fisch aus dem See gezogen hat. (Fisch fängt bei der Erwähnung ihres Namens an zu schnurren.) Papa meint, dass er deswegen immer noch ein bisschen sauer ist, aber trotzdem beugt er sich vor und krault Fisch unter dem Kinn.

Mama und Oma erinnern sich gemeinsam daran, wie Rosie einmal eine ganze Woche lang jeden Tag den gleichen Pulli mit einem Dachs darauf zur Schule angezogen hat und wie sie als kleines Mädchen immer in Schwierigkeiten geriet. Sie sagen, dass sie Rosie vermissen und es nicht gerecht ist, dass sie nicht mehr bei uns sein kann. Aber dass sie immer in unseren Herzen bei uns ist.

Ibrahim klopft zweimal auf seine Herztasche und nickt mir zu.

Und dann bin ich an der Reihe. Mama hat mich vorher gefragt, ob ich etwas sagen will. Ich habe versucht, etwas aufzuschreiben, aber alles hat sich irgendwie falsch angehört.

Dann hatten Ibrahim und ich eine Idee.

Mama gibt mir einen Kuss und Papa drückt leicht meinen Arm. Sie beugen sich vor und flüstern: „Du musst das nicht tun, wenn es dir zu viel wird."

Doch Rosie würde wollen, dass ich tapfer bin. Und so stehe ich auf und fahre mir mit der Zunge über die Lippen, die ganz trocken geworden sind. Und ich halte meine kurze Rede:

„Ich möchte etwas Schönes über meine Schwester sagen, weil sie für mich das Größte war. Mein Ein und Alles war. Aber Menschen können nicht immer schöne Dinge sagen und deshalb hoffe ich, unser gemeinsames Ein und Alles wird es für mich sagen."

Ich schaue hinauf in den Baum, denn die Sonne ist schon komplett untergegangen und die Zeit ist gekommen.

Mama küsst mich noch einmal auf den Kopf und bittet mich, vorsichtig zu sein. Ich nicke und fange an, zu der Stelle zu klettern, wo alles begann.

Der Baum unter meinen Händen fühlt sich so an wie immer, aber es ist alles anders. Selbst ich. Ich will immer noch weglaufen und mich verstecken. Aber es gibt nicht genug Kartenquadrate, um die Dinge so werden zu lassen, wie sie waren.

Ich erreiche den flachen Ast und halte mich gut fest. Unter mir hört meine Familie auf zu reden und wird still.

Wir lauschen.

Wir nehmen die weit entfernten Geräusche der Hauptstraße wahr. Irgendwo lacht jemand. Wir hören das Atmen des anderen und wie wir uns die Hände reiben. Und wir lauschen und lauschen auf das Lied der Nachtigall.

Und es wird immer dunkler und dunkler.

Mein Bauch tut plötzlich weh, weil ich weiß, dass sie nicht kommen wird. Die Nachtigall. Und ich weiß, dass es immer weniger Nachtigallen auf der Welt gibt. Und ich weiß, dass jemand die Büsche auf dem Feld, das ihr

Zuhause war, abgeschnitten hat. Aber ich hoffte so sehr, dass sie wenigstens noch einmal zurückkommen würde. Damit ich sie ein letztes Mal hören könnte.

Damit sie mir hilft, mich zu verabschieden.

Da steigt von unten etwas Leises, Sanftes empor. Mein Herz schlägt einen Purzelbaum rückwärts, weil ich einen Augenblick lang denke, es sei die Nachtigall. Doch es ist Ibrahim. Er singt. Sein Lied beinhaltet Reisen, die sich bis nach Afrika erstrecken können. Und wieder zurück, wenn man das will.

Mir geht vieles durch den Kopf, während ich Ibrahim zuhöre. Dass die Nachtigall heute zwar nicht gekommen ist, die Büsche aber wieder wachsen werden. Also besucht sie uns vielleicht nächstes oder übernächstes Jahr. Und ich denke daran, dass ich Rosie nicht gefunden habe, obwohl ich so weit gelaufen bin und alles tat, was ich konnte.

Während Ibrahim singt, wird mir jedoch auch klar, dass ich stattdessen viele andere Dinge gefunden habe. Wie eine Mama und einen Papa, die jetzt ihre Versprechen halten. Und Freunde, mit denen ich mich weniger allein fühle. Und ich habe das Gefühl, dass manches, was man findet, ein ganzes Leben lang bei einem bleibt.

In der Melodie höre ich Rosie wispern: „Es war tapfer von dir, wieder auf den Baum zu steigen, Jasper."

Und ich flüstere zurück: „Ich weiß."

Sie fragt: „Wirst du zurechtkommen?"

Und ich schüttele den Kopf, weil ich nicht zurechtkomme und es sich fremd anfühlt, ohne sie in unserem Baum zu sitzen. Doch dann nicke ich, weil ich unter mir die Menschen sehe, die mich auffangen würden, wenn ich fallen sollte. Mama. Papa. Oma. Ibrahim. Und all die anderen Menschen, die ich auf meiner Suche nach der Nachtigall kennengelernt habe.

Ibrahim hebt den Kopf und singt den Sternen entgegen.

Ich schließe die Augen. Atme tief durch.

Und ich höre zu.

Anmerkung der Autorin

Vor ein paar Jahren saß ich in einem Hotelzimmer und sah im Fernsehen zufällig einen Beitrag über eine Nachtigall, die man ungewöhnlicherweise an einer Autobahnraststätte entdeckt hatte. Zu dem Zeitpunkt hatte ich noch nie eine Nachtigall singen gehört. Ich wusste im Grunde so gut wie gar nichts über Vögel. Aber die Tatsache, dass man ein so bezauberndes Wesen an einem so unwahrscheinlichen Ort gefunden hatte, elektrisierte mich: Ich packte meine Sachen und machte mich auf in die Wildnis.

Auf meinen Abenteuern erkundete ich geheime Wanderwege in der Nähe meines Zuhauses, von deren Existenz ich nichts geahnt hatte. Obwohl ich hauptsächlich allein unterwegs war, begegnete ich auf meinen Reisen vielen fantastischen Menschen – auf Kuhweiden, an Flüssen oder an Bushaltestellen. Ich sah Goldfasane aus dem Gebüsch flattern, bewunderte die Formationsflüge der Stare, die wie Bänder über den Sonnenuntergangshimmel zogen, und wanderte sogar auf einem 100-Kilometer-Wohltätigkeitsmarsch für Oxfam durch die Nacht.

In der Zeit, in der ich dieses Buch schrieb, habe ich gelernt zuzuhören – nicht nur dem Klangteppich aus Vogelgesängen, den es überall auf der Welt gibt, sondern auch anderen Menschen. Ich arbeite ehrenamtlich für eine Kinderschutzorganisation und an Schulen. Dort habe ich viele tapfere und einzigartige Kinder kennengelernt, die – genau wie Jasper – manchmal mit Ängsten und Sorgen zu kämpfen haben, und auch mit Trauer. Das Wichtigste, was man tun kann, wenn man sich fürchtet oder aufgewühlt ist, ist, mit einem Erwachsenen seines Vertrauens zu sprechen. Und wenn sich dir jemand anvertrauen will, dann kannst du zuhören.

Falls dich oder ein anderes Kind nach einem Verlust ähnliche Sorgen plagen wie Jasper, können Angebote vom „Bundesverband Verwaiste Eltern und trauernde Geschwister in Deutschland e.V." (VEID) oder dem Verein „Leben ohne dich" weiterhelfen. Wendet euch an eine Lehrerin oder einen Lehrer oder einen anderen Erwachsenen. Wenn du selbst erwachsen bist, kannst du ebenfalls von diesen oder ähnlichen Hilfsangeboten Gebrauch machen.

Ich habe schließlich dem Lied der Nachtigall lauschen

können und das war ein glückliches und wunderbares Ereignis. Es gibt immer weniger Nachtigallen, da ihre Lebensräume immer kleiner werden. In der Dunkelheit und umgeben von anderen Menschen, die ihrer eigenen Suche nachgingen, lauschten wir einem Chor von sechs Nachtigallen. Und in dem Moment fühlte es sich bedeutender an als je zuvor, diesen kleinen Vogel zu schützen, der zwar nur ein winziges Stückchen größer ist als ein Rotkehlchen, aber Töne und Melodien zu singen vermag wie kein anderer.

Die Arbeit an diesem Buch hat in mir eine lebenslange Liebe für Vögel und die Natur geweckt und mich erkennen lassen, wie glücklich wir uns schätzen können, so wundervolle Geschöpfe gleich vor unserer Haustür zu haben.

Danke, dass du zusammen mit mir Jasper auf seinem Weg begleitet hast. Ich hoffe, dass die Nachtigall auch dich dazu inspiriert, nach den erstaunlichen alltäglichen Dingen zu suchen. Um sie zu finden, müssen wir oft nur hinhören.

Sarah

Danksagung der Autorin

Es gibt so viele Menschen, bei denen ich mich bedanken möchte, aber ganz oben auf der Liste steht Lucy Pearse, meine brillante Verlegerin. Lucy, dein unerschütterlicher Glaube an dieses Buch macht mich immer noch sprachlos. Danke auch an das gesamte Team von S&S Children für die Unterstützung.

Ich kann kaum in Worte fassen, wie sehr mir Sharon King-Chais Illustrationen gefallen – danke, Sharon, dass du dich auf die unglaublich knappen Terminvorgaben eingelassen und diese Geschichte mit so viel Schönheit und Leben erfüllt hast. Ich bin dein größter Fan.

Danke, wie immer, an Sallyanne Sweeney, die magische Kräfte besitzt. Vielen Dank, dass du sie immer wieder für mich einsetzt.

Danken möchte ich zudem allen, die sich mit dieser Geschichte auseinandergesetzt und mir Tipps gegeben haben: Rachael Cooper (die das Buch zweimal las), meine Mutter (die es eine Million Mal las), Annie Rose,

Anna Burtt, Pippa Lewis, Ellie Brough, Yasmin Rahman, Katya Balan und alle anderen. Danke an meine tollen Faktenchecker Pete Hughes und Demet Hoffmeyer-Zlotnik. Vielen Dank an The Nest Collective und besonders an Sam Lee für eine wahrhaft magische Nacht mit der Nachtigall. Und natürlich ein Dankeschön an die Society of Authors und die Author's Foundation Grant, mit deren Unterstützung dieses Projekt realisiert wurde.

Dieses Buch kam durch die Inspiration so vieler Menschen zustande und es ist unmöglich, sie alle aufzuzählen. Aber ein besonderes Dankeschön gilt Springwatch, Chris Packham, Oxfam Trailwalker, Bauer Deon und seinen Kühen, den Schriftstellern von Retreats For You und meinem Team bei Jericho Writers, damals und heute.

Wie immer ein dickes Dankeschön für die schriftstellerische Unterstützung: Anna Raby, Harriet Venn und Kathryn Awde; auch an meine Brighton-Ladies und an meine Arbeitskollegen aus meinen vielen verschiedenen Jobs. Ein herzlicher Gruß geht an meine wunderbaren Kolleg*innen, die ich nicht aufgelistet habe – ihr wisst, dass ihr gemeint seid.

Und schließlich ein besonderer Dank an meine tolle Familie, an Mum und Dad für alles, was ihr tut. An Louise, Jay, Amelia und Edward, denen dieses Buch gewidmet ist. An meine wunderbaren Großeltern. Und an Ryan Annis und seine Familie.

Ein guter Reisekamerad verkürzt den längsten Weg – was für ein Glück ich habe, dass ihr alle die ganze Zeit an meiner Seite seid!

Über die Autorin

Sarah Ann Juckes schreibt Bücher für junge Menschen. Ihr Jugendbuchdebüt *Outside* wurde 2020 für die Carnegie Medal nominiert, stand auf der Shortlist des Mslexia's Children's Novel Award und auf der Longlist des Bath Novel Award. Ihr zweites Jugendbuch *The World Between Us* erschien im März 2021. *Jasper und das Lied der Nachtigall* ist ihr erstes Kinderbuch. Sie arbeitet via Jericho Writers mit Schriftsteller*innen auf der ganzen Welt zusammen und ist Mitglied bei Creative Future, einer Organisation, die benachteiligte Schriftsteller*innen unterstützt. Die Winter verbringt sie oft zusammen mit ihrer Katze in ihrer Schreibhütte in East Sussex, England.

Über die Illustratorin

Sharon King-Chai ist eine preisgekrönte Designerin und Illustratorin. In Australien geboren, zog sie 2003 nach ihrem Abschluss in Visual Communication an der University of Technology in Sydney, Australien, in den Norden von London. Dort lebt sie seither. Sharon war bereits an der Realisierung vieler unterschiedlicher Projekte beteiligt, einschließlich der künstlerischen Gestaltung von CDs, der Marken- und Logoentwicklung, Verpackungsdesign, Buchgestaltung und Veranstaltungen. Ihre jüngsten Tätigkeiten umfassen eine Zusammenarbeit mit Julia Donaldson an den wunderbaren und mehrfach ausgezeichneten Büchern Animalphabet und Counting Creatures sowie ihr eigenes Bilderbuch Starbird, mit dem sie 2021 den Kate Greenway Shadower's Choice Award gewann.

Das will ich lesen!

ISBN 978-3-7432-1383-8

Olga und der Ruf des Waldes

Olga ist in ihrem Leben bereits sechsmal umgezogen. Diesmal aber wird alles anders, das spürt sie sofort – denn ein Haus mit Türmchen muss einfach etwas ganz Besonderes sein! Und tatsächlich: In ihrem Zimmer entdeckt sie eine klitzekleine Tür. Was sich wohl dahinter verbirgt? Doch das ist nicht das einzige Geheimnis, das Olga lüften muss. Plötzlich verschwinden ihre Eltern und die Spur führt in den nahe gelegenen Wald. Was geht zwischen den Bäumen nur vor sich? Liegt etwa Magie in der Luft?

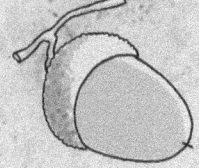

DEIN Loewe Newsletter

- Vorab-Leseproben ☺
- Exklusive Gewinnspiele
- TOP-Neuerscheinungen